乌当人文读本【试用】

WU DANG REN WEN DU BEN

贵阳市乌当区地方教材　中学版

政协贵阳市乌当区委员会／编

贵州出版集团

贵州人民出版社

图书在版编目（CIP）数据

乌当人文读本 / 政协贵阳市乌当区委员会编. -- 贵
阳：贵州人民出版社，2017.8
ISBN 978-7-221-14256-6

Ⅰ. ①乌… Ⅱ. ①政… Ⅲ. ①区（城市）－概况－贵阳
－中学－乡土教材 Ⅳ. ①G634.591

中国版本图书馆CIP数据核字（2017）第192984号

乌当人文读本（试用）
贵阳市乌当区地方教材　中学版　　政协贵阳市乌当区委员会　编

出　版　人	苏　桦
选 题 策 划	张云端
责 任 编 辑	孔令敏　梁　丹
装 帧 设 计	晏　晨
出 版 发 行	贵州出版集团　贵州人民出版社
地　　　址	贵阳市观山湖区中天会展城会展东路SOHO办公区A座
	（电话：0851-86828477　　邮编：550081）
印　　　刷	重庆新金雅迪艺术印刷有限公司
开　　　本	787×1092mm　1/16
字　　　数	160千字
印　　　张	8.25
版　　　次	2017年8月第1版
印　　　次	2017年8月第1次印刷
书　　　号	ISBN 978-7-221-14256-6
定　　　价	38.80元

《乌当人文读本》（试用）编委会

贵阳市乌当区地方教材 中学版

顾　　问： 常文松　唐兴伦　黄亚屏　马定武

总 策 划： 马定武

学术指导： 龙　林　冯　飞　罗　进

主　　任： 欧阳晓莉　胡　红　赵小素

副 主 任： 梅素娟　帅　颂　冯　蓉

委　　员： 曹　酉　王家康　赵显富　夏德慧

主　　编： 马仲玲

编　　委： 石何丽　向照福　万朝炯　汪　强
　　　　　　宗　林　王朝雪　舒　利　胡　艳
　　　　　　于　霞

供　　图： 乌当区摄影家协会等

目录
Contents

乌当概览

乌当——我们可爱的家乡

这是一片热土，这是一方神奇灵秀的土地。独特的地理环境，赋予她与众不同的自然魅力；源远流长的历史，沉淀她独具一格的文化内涵；汉族与布依族、苗族等少数民族的交流融合，孕育出这里五彩缤纷、多姿多彩的地域特色。

这是一片热土，这是一方生机勃勃的土地。这里被誉为"黔中秘境，生态乌当"，是"一个诗意生活的林中泉城"。厚重的历史、浓郁的民族风情与旖旎的自然风光相互映衬。今天，以振兴家乡为己任的乌当人与时俱进、奋力拼搏，以包容开放的气质和兼容并蓄的姿态，拥抱八方贵客。

这就是我们美丽、可爱的家乡——乌当。

第 1 课　乌当地理环境

　　乌当有着秀美的自然风光和浓厚的人文底蕴，地理位置得天独厚，享有"黔中秘境、生态乌当，一个诗意生活的林中泉城"的美誉，可谓"一半森林一半城"。

位置境域

　　乌当区是贵阳市下辖的十个区（县、市）辖区之一，位于贵州省中部，地处贵阳市区东北部。东与黔南州龙里县接壤，南与花溪区、南明区、云岩区相连，西与清镇市相接，北与开阳县、修文县毗（pí）邻，全区行政区域总面积为686平方千米。

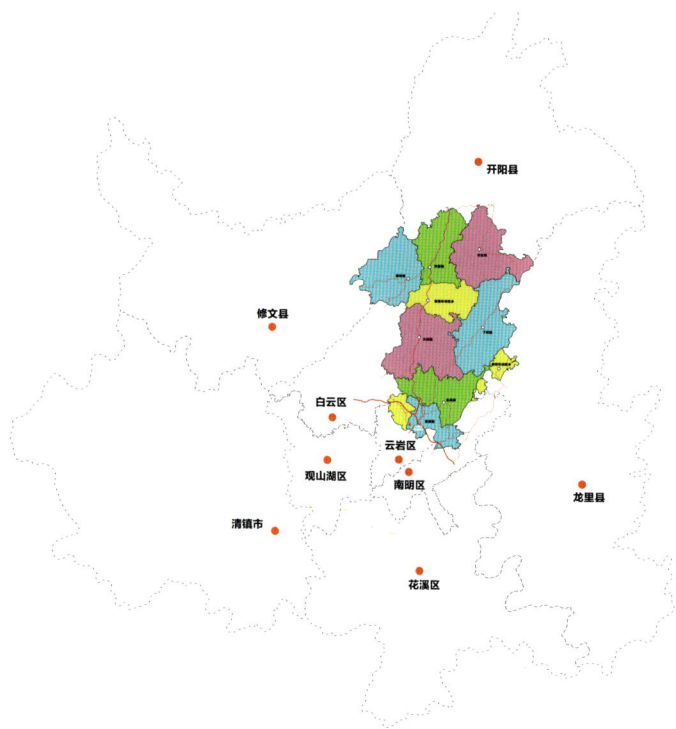

◆ 乌当区行政区划图

地形地貌

　　乌当区地势北高南低，平均海拔1242米。最高点海拔1616米，为水田镇安多村云雾山北峰；最低点海拔872米，为百宜镇拐九姜家渡南明河出口处。全区地貌以山地、丘陵、坝地为主，地质构成以喀斯特地貌为主，占全区面积的90.6%，石漠化面积占10.52%。

区内蕴藏着丰富的矿藏资源。主要有煤、铁、铝土矿、重晶石等。植被茂盛，森林覆盖率达52.13%，地热资源富集，山水林田错落有致，是乌当区的特色名片。

乌当区属亚热带季风湿润气候，具有明显的高原性气候特点。冬无严寒，夏无酷暑，光、热、水同季，垂直气候差异明显，年平均降水量1179.8毫米到1271毫米，年平均气温14.6摄氏度。主要灾害性天气有干旱、倒春寒、冰雹、秋季绵雨、凝冻。

交通

乌当区交通便利，区位优势明显。

新天城区离贵阳龙洞堡国际机场仅8千米，距贵阳高铁北站10千米，距贵阳火车站12千米。贵遵复线、贵瓮高速以及沪昆、贵开、白龙快速铁路穿境而过，并在百宜、羊昌、水田、奶牛场设有接地互通。水东路、北二环、东二环、北京东路均直通区内。

2013年以来，乌当区以贵阳市的"三环十六射"交通规划为依托，着力打造21.9千米的内环工程、24.23千米的外环工程以及东北环城高速外移工程，使乌当城区布局沿放射交通轴线拓展延伸，形成了新添寨与周边开发片区紧密联系的格局，推动了经济社会的快速发展。

拓展悦读

喀斯特地貌

喀斯特地貌是具有溶蚀力的水对可溶性岩石进行溶蚀等作用所形成的地表和地下形态的总称，又称岩溶地貌。

地貌特点：喀斯特地貌地面上往往崎岖不平，岩石绚丽，奇峰林立，地表常见有石芽、石林、峰林、溶沟、漏斗、落水洞、溶蚀洼地等形态；而地下则发育着地下河、溶洞，溶洞内有多姿多彩的石笋、钟乳石和石柱等。

◆ 喀斯特地貌（一）

◆ 喀斯特地貌（二）

第 2 课 乌当历史沿革

　　一座城市有了历史的基因，才有抹不去的记忆；一片土地有了历史沉淀，才有不朽的灵魂。乌当就是这样一片沃土。那么，"乌当"这个名字是怎么来的？中华民族上下五千年的历史长河中，有关乌当的记录始于何时？经历了怎样的变迁？让我们徜徉其中，追寻历史的足迹，倾听历史的足音。

"乌当"名称的由来

　　关于"乌当"这一名称的来源，至今尚无定论。典籍中主要有以下两种说法。第一种是转于"武当"。据《贵州省志·地理志》记载：元代至元二十九年（1292年），顺元路军民安抚司领蛮夷长官司二十二，计有武当（今乌当）、水东（今新添寨）等处。乌当为"武当"的音转；第二种转于"污凼"。史料记载：该地积水，有一污凼（dàng）田坝，常被水淹，故名"乌凼"，音转"乌当"。地久、龙井、麦穰及坝内周边的石头寨、大桥寨等村寨仍然居住着苗族。而在苗语（黔东方言）中，"乌"为水，"当"为下方、下面的意思，也就是说，"乌当"是一个下方有水塘的地方。这与《元史·地理志》中曾提到的"这一带居住着'诸洞苗蛮'，苗族多建寨于山上，依山傍水，从山上往下看，见有水的地方"相印证。

历史上的乌当

　　乌当历史悠久。叩开历史之门，春秋时期，这里属牂牁（zāng kē）郡，战国时期为楚国之黔中地（地名），秦时归象郡，西汉时期属夜郎县。

两晋至唐、宋时期，这里先后属晋乐县、牂牁县和矩州管辖。南宋绍兴二十三年（1153年），朝廷在今乌当区境内设"喇平宣抚司"，治所位于今下坝镇喇平村，其遗址至今尚存。

◆ 喇平宣抚司遗址

乌当建置有据可查始于元代。这一时期，有新堡乡陇上、水田瓮蓬寨、新添寨、羊昌、百宜等地名的记载。

资料回放

《元史·地理志》记载："定远府有章龙州（今新堡乡陇上），章龙县。"嘉靖《贵州通志》有县"在治城北四十里，元置"的记载，即指今天水田镇瓮蓬寨附近。

明、清时期，朝廷为加强对西南少数民族地区的统治，实行改土归流①，今乌当区境内大部分被划归水东宋氏亲领的洪边十二马头地界。崇祯四年（1631年），十二马头地改为开州，隶属于贵阳军民府，区域内所设立的铺、哨、屯、堡，也被进一步分散，分属贵州卫、贵州前卫、贵阳军民府等。清康熙二十六年（1687年），裁"贵阳军民府"为贵阳府，并裁卫。改贵州卫、贵州前卫为贵筑县。今乌当区大部分隶属于贵筑县，少部分属贵阳府亲自管辖。

民国元年（1912年），废除清巡抚、布政使各职，设贵州都督。同年，贵筑县属地并入贵阳府，民国三年（1914年）改为贵阳县。

---

① 改土归流：是指改土司制为流官制，又称土司改流、改土设流、废土改流。始于明代中后期，是指将原来统治少数民族的土司头目废除，改为朝廷中央政府派任流官。其目的在于消除土司制度的落后性，同时加强中央对西南少数民族聚居地区的统治。

乌当建区历史

◆ 旧貌新颜

　　民国三十年（1941年），实行新县制，将过去之区、联保、保甲改为区、乡编制。全县共分三区，区署设乌当、白云、花溪三地。乌当区署（驻乌当）辖乌当、永乐、谷定、百宜、羊昌、水田6个乡。

　　1941年7月1日，民国政府批准建立贵阳市，同时撤销贵阳县，贵阳市以外之地属贵筑县。1944年重调区乡，设立三个区署：燕楼区署、白云区署、乌当区署。乌当区署（驻乌当）辖乌当、北衙、永乐、谷定、水田、羊昌、百宜7个乡。

　　1950年5月至10月，贵筑县人民政府将北部划分为5个区公所，作为派出机构，水田区调为乌当区（第七区）、水田区（第八区）、羊昌区（第九区）。

1955年4月，将原贵筑县划为贵阳市管辖之花溪、金华、乌当、中曹等4个区，分别设立区人民委员会。

1956年7月18日，撤销贵阳市郊区办事处及市郊黔灵、金华、花溪、乌当、中曹5个区公所，建立郊区人民委员会。

1958年2月24日，贵阳市人民委员会接管原贵筑县辖区后，将市郊区划为乌当、花溪两个区。原则上以黔滇公路和黔桂公路两侧原分界为界，公路以北地区为乌当区。所辖金华、乌当、黔灵、沙文、水田、羊昌等30个乡①以及修文县王关鹅颈冲。

1958年4月21日，乌当区所属东山、黔灵乡划归云岩区。

1966年8月，花溪区、乌当区合并为贵阳市郊区。

1967年3月，贵阳市郊区又按原建置恢复为乌当区和花溪区。

1973年6月，白云区恢复建制，艳山红、沙文两个公社从乌当划归白云。

2000年初，金阳新区开发启动，将乌当区野鸭乡、金华镇、朱昌镇划入新区规划范围。

2009年，乌当区的永乐乡划归南明区管辖。

2012年11月，乌当区的金阳街道、金华镇、朱昌镇划归新成立的观山湖区管辖。截至2014年，乌当区下辖5个社区、6个镇和两个乡。

1958年，中国共产党贵阳市乌当区委员会（简称"中共乌当区委"）和贵阳市乌当区人民委员会（简称"人委"）成立。自此，乌当区作为一个县级建制区正式建立。区级机关办公地点设在中华路333号（即毛光翔公馆），1959年迁驻新添寨洪边环溪河一带，2003年1月26日迁新添寨燕子冲至今。

乌当区建立后，历届区委、区政府带领全区人民克服种种困难，以求发展、图富强、谋幸福为目标，政治、经济、科学、教育、文化、卫生等社会建设取得丰硕成果。人民生活水平不断提高，城乡面貌日新月异，谱写了一曲曲时代发展的新乐章。在贵州省"以大健康为目标的医药养生产业作为重点发展的五大新兴产业之一"的背景下，根据贵阳市市委、市政府出台的专门支持医药产业发展规划，2015年，乌当区依托区内丰富的资源，规划建成了一批大健康产业链，正在奋力建设全省大健康产业发展引领示范区。

---

① 金华、阳关、野鸭、朱昌、乌当、北衙、永乐、偏坡、黔灵、东山、羊昌、谷溪、新场、新堡、马场、百宜、水田、王岗、拐九、下坝、大林、三江、定扒、谷定、沙文、牛场、都溪、白云、麦架、金甲共30个乡以及修文县王关鹅颈冲。

　　我们可爱的家乡——乌当，如今，正秉持着绿色、健康、生态的理念，迈开坚实而铿锵的步伐，走向更加美好的未来！

拓展悦读

大健康

　　大健康是根据时代发展、社会需求与疾病谱的改变，提出的一种全局的理念。它追求的不仅是个体身体健康，还包含精神、心理、生理、社会环境、道德等方面的全面健康。

课后活动

　　请收集你家乡变化发展的相关资料，并进行展示交流。

故园回望

　　明代，乌当属水东宋氏土司管辖。由于宋氏土司都比较重视文教，水东地区出现了文化繁荣的局面。土司家族的宋昂、宋昱等人成为明代贵州著名的诗人。

　　为了加强对贵州和云南的控制，明朝政府在贵州设置了一些卫所。这些卫所的军民就是今天屯堡人的祖先，他们把江南的生活习俗和精神信仰带到贵州，逐步形成了别具一格的屯堡文化。

　　明末以来的四百年间，定居遵义、贵阳的成山唐氏家族秉承祖训耕读传家，代代有忠臣孝子辉耀史册，最终形成了以乌当水田坝为中心的"成山忠孝文化"现象。

　　20世纪60年代到80年代，为了确保国防安全，国家实施"三线建设"战略。新光厂、五〇一、〇八三和万江厂相继迁入，乌当新添城区为我国国防工业的发展做出了巨大贡献。

第 3 课　水东文化

在乌当繁华的新添城区，有一条名为北衙路的街道，它古朴的名称仿佛在诉说着乌当悠久的历史。让我们穿越时空，一起还原那段土司统治下的岁月吧！

水东的领地范围

乌当风光秀丽，历史悠久，文化灿烂。在宋、元、明三代，统治这片土地的是宋氏土司。宋氏土司长期统治鸭池河以东（今贵阳地区及龙里、贵定等地），故得名水东宋氏，由于其衙署长期设于洪边寨（原乌当区政府一带），又名洪边宋氏，因元末明初担任贵州宣慰使职，又称宣慰宋氏。

水东宋氏鼎盛时期，除管辖水东、贵竹等十长官司外，还亲领洪边十二马头（今开阳），其地域包括今贵阳市的乌当区、开阳县、花溪区东部，以及黔南自治州的龙里、贵定两县和福泉市的西南部。其中有 7 个长官司由宋氏家族旁支任长官。正统元年（1436年），朝廷还将由流官管理的程番等 10 个长官司（今黔南州惠水县）改属宋氏管辖，水东洪边宋氏的辖境和控制地区方圆近一万平方千米。

◆ 宋氏别业遗址

宋氏土司的兴亡

北宋初，河北真定人（今正定）宋景阳奉命征伐都匀、蛮州（今开阳）等处，将乌蛮逐出蛮州。事后宋朝政府设置"蛮州"总管府，以宋景阳为都总管。宋景阳即为水东宋氏始祖。元代，宋氏后裔宋隆济因不满元朝暴政，起兵抗元，被他的侄子宋阿重出卖，抗元运动最后以失败而告终。宋阿重因为有功于元朝，被元朝政府任命为顺元宣抚同知，设衙署于同知衙（今开阳县双流镇白马村）。自此，宋阿重取代宋隆济统治水东。

明初，宋阿重之孙宋钦与水西安氏霭翠共同归附朝廷。明朝以二人同为贵州宣慰使并世袭之，令二人同迁贵州城（今贵阳市区），并明确安氏治水西十五则溪，宋氏治水东十二马头。洪武十四年（1381年），30万明朝大军取道贵州平定云南，留重兵驻守贵州。次年，设置了最高地方军事机关贵州都指挥使司。1426年，宋氏土司宋斌主动将宣慰司衙署由贵州城迁往城郊的洪边寨，以实际行动支持明王朝在贵州的统治。

1621年，宋万化袭土司职，为水东宋氏第十八任土司。稍后，宋万化随水西安邦彦反叛，先攻下龙里，继又参与围攻省城贵阳，后被擒斩。其子宋嗣殷擅袭土司职又叛，明军攻破宋氏故地洪边寨，宋嗣殷将衙署迁杨黄寨（今开阳县城）。1630年宋嗣殷被擒斩，明朝于次年革除宋氏土司职，结束

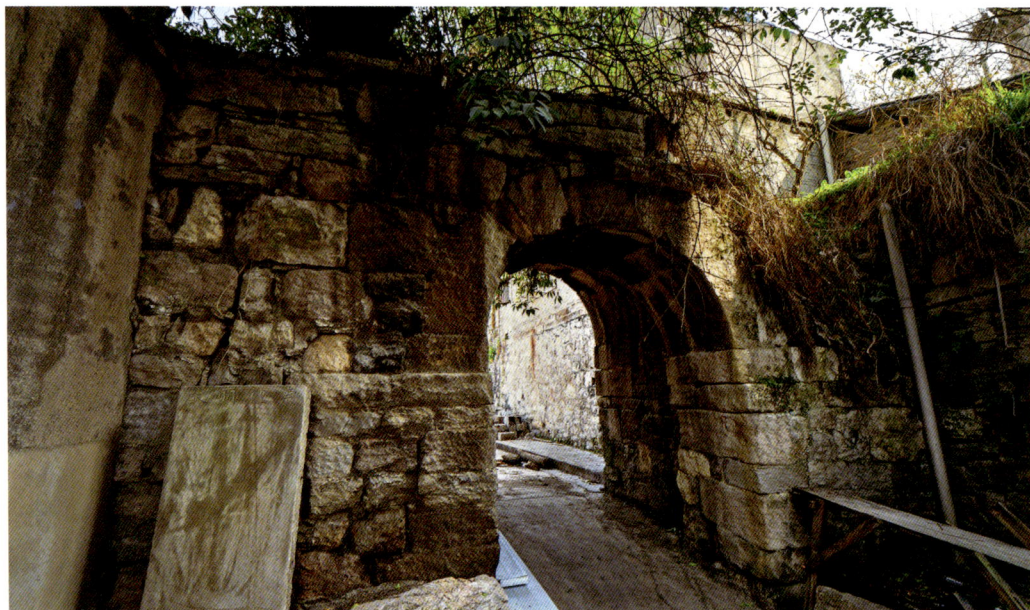

◆ 北衙门洞遗址

了宋氏对水东地区长达650余年的统治。

土司制度是元、明、清三代中央政府经营西南边疆，巩固国家统一的一项重要举措。明初，宋氏土司及时归附朝廷，顺应国家统一的潮流，因而发展壮大。明末，宋氏土司反叛朝廷，最终覆灭。

水东的文教建设

水东与播州（今遵义）地域相邻，加之水东宋氏与播州杨氏世代联姻，交流频繁，因此水东的文化开发较早。自明初归顺朝廷后，水东历任土司秉承耕读为本的情怀，努力发展农耕经济。同时，他们以开放的胸怀、开明的态度自觉接受中原文化的熏陶，坚定不移地贯彻明王朝"文治教化"政策，大力推进文教建设，使得水东地区的文化教育日趋繁荣。

明代以前，贵州教育极其落后，整个贵州仅有一所儒学，即元仁宗皇庆二年（1313年）建于顺元城（今贵阳）的顺元路儒学。明朝建立后，明太祖朱元璋对贵州的教育相当关注。水东宋氏和水西安氏于洪武二十二年（1389年）支持朝廷，在原顺元路儒学旧址建贵州宣慰司学。宣慰司学尊孔崇儒，促进了儒家文化在贵州的迅速传播。1481年，宣慰使宋然、安贵荣等不惜重资，扩建贵州宣慰司学，历时8年，于弘治三年（1489年）竣工，办学规模得到进一步扩大。在洪边宋氏和明王朝中央政府的共同努力下，贵州教育一步步走向兴盛。史载，从明初至崇祯三年（1630年），贵州共建官学47处，各府、州、县、卫、司遍立学校，培养人才。贵州独立举行科举考试后至明末，百余年间，出了82位进士，800余名举人。在这种向学风气的影响下，宋氏土司也涌现出一些颇有建树的诗人，其中最具代表性的是宣慰使诗人宋昂与其弟宋昱。

拓展悦读

宋昂，字从俯，号省斋，与其弟宋昱一同受教于福建籍教师廖驹。

通过长期的勤学苦练，宋昂虽居于偏僻的贵州，却成为一位著名的诗人。现录其诗一首，供同学们品鉴。

贵阳出征

金印垂鞍事远征，霜威凛冽路澄清。

寇公门下多英俊，范老胸中富甲兵。

旌节漫随霞彩动，戈矛争向日光明。

春风二月城南陌，伫听诗歌猃狁平。

课 后 活 动

请探寻宋氏土司在乌当留下的遗迹，并就其保护工作提出1—2条建议。

第 4 课　屯堡文化

张家堡（今水田镇李资村附近）、新堡（今新堡乡）、谷溪堡（今新场镇谷溪村）、羊场堡（今羊昌镇）、马堡（今羊昌镇小寨村马堡），有一个共同的特征，即，都带有一个"堡"字。它们为何都会带一个"堡"字呢？让我们以羊昌为中心，一起探究乌当的屯堡文化吧！

羊昌屯堡的由来

羊昌屯堡文化，是指以羊昌镇马堡为中心的屯堡人的文化现象。明朝

◆ 羊昌屯堡遗址

时期贵州前卫左千户所驻地在今羊昌镇小寨村的马堡。乌当区留存下来的屯堡文化，在马堡和距其不远的羊昌、谷溪保存得相对完整。

明朝初年，云南还存在元朝的梁王把匝剌瓦尔密政权。洪武四年（1371年），为了控制云贵地区，根据时任曹国公李文忠的建议，朱元璋在今贵阳设置贵州卫，与成都卫、武昌卫互为犄角，息息相通。洪武十四年（1381年）八月，朱元璋下令由傅友德率大军攻打盘踞在云南的元朝梁王把匝剌瓦尔密。洪武十五年（1382年）正月，云南平定。随后，明朝政府在贵州建立贵州都指挥使司，设立大量卫所，作为在战略上控制云贵的后盾。

据统计，明朝在今天的贵州境内，陆续设置了29卫。其中，与乌当相关的是洪武二十四年（1391年），于宣慰司城（贵阳）西南隅设立的贵州前卫。贵州前卫的左千户所当时管辖今乌当区羊昌镇、新场镇，开阳县禾丰乡、南江乡等地10个百户所。这些设置在贵州的卫所实行了屯田制，称为"军屯"，后来又增添"调北征南"的"民屯"，以粮换盐为业的"商屯"，这些屯田的军民及他们的后代便成了乌当的屯堡人。

明朝政府建设屯堡的初衷是为了镇远戍边。在漫长的历史岁月里，来自江南和中原的汉族移民与贵州的少数民族共同生产、生活，加快了民族融合的进程，巩固了祖国的统一。

资　料　回　放

关于卫所建制《明史·职官志》中称："（洪武）七年，申定卫所之制，每卫设前、后、中、左、右五千户所，大率以五千六百人为一卫，一千一百二十人为一千户所，一百一十二人为一百户所，每百户所设总旗二人，小旗十人。"

◆ 凤阳汉装

屯堡妇女的服饰与头饰

屯堡妇女的服饰被称作"凤阳汉装"，保留着明代服饰的显著特征：大开襟长袍，一尺来宽的大袖子上，用五色彩丝绣出多种花纹滚边；长袍两边开叉，延及小腿肚。服装色彩多样，有蓝色、绿色、藏青、藕荷诸色。长袍外还常年系着蓝色的围腰；腰间有一根两米多长的黑色丝绸系腰。裤子多为蓝色，裤脚也有绣花滚边。鞋的样式颇为讲究：夏天穿布凉鞋，其他季节穿绣花鞋，鞋底为多层布片垫成，麻线纳密点，鞋帮多以蓝色、青色或绿色为底，绣上色彩斑斓的鸟兽虫鱼图案。布凉鞋两侧镂空，花鞋由两层白布卷成高统连着鞋帮，形成统靴样式。

屯堡妇女的头饰非常有特色。未婚少女，多梳一条大辫子，头上少有饰物。结婚时，妇女要"开头"，拔去脸上的汗毛和额前部分头发，眉毛拔成八字形；两鬓之发搓成两

◆ 凤头髻

绺，上挽而盖住大半耳朵，脑后头发挽成圆髻，用马尾编织的小网罩住，插上梅花簪固定。这样的发型，屯堡人称"三绺头"，戏称"凤头髻"。妇女一般外包青帕，显得庄重。有的挂耳环、戴手镯或戒指。

汪公崇拜

羊昌屯堡的居民，多半来自江南，他们的民间信仰既与汉民族的主流文化相似，又富有鲜明的地域特征。其中最有特色的要算是汪公崇拜了。

汪公崇拜，是羊昌屯堡人长期留存的一项比较普遍的民间信仰。汪公本名汪华，唐初受封越国公。隋末农民大起义期间，汪华募集十万雄师，保境安民。唐朝建立后，又主动投诚，受唐高祖、太宗信任，因而受封越国公。唐朝时期江南地区已有了汪公崇拜的习俗。以后各朝代，相传民间倍受其庇护，汪公崇拜的影响也日益扩大。明初屯军贵州，设卫、所和屯堡，屯堡人把汪公信仰移入贵州，历年祭祀活动不断。形式丰富多彩的"汪公文化现

◆ 唐越国公汪华

象"，成为黔中屯堡民俗文化的重要内容之一。

祭祀汪公的活动，最有趣的是背汪公。每年正月初八到十八日，是祭祀汪公的日子，其间会举行多种活动。村民搭台唱戏，要接汪公神像来赏戏。在戏台对面搭观戏台，邀请品德端正、身强力壮者去庙中背汪公的神像，安置在观戏台上，给汪公披上新绣龙袍，台前上香供奉，让汪公像面对戏台，与院坝中的群众同赏戏同欢乐。

课　后　活　动

请收集有关屯堡文化的资料，做一份手抄报。

第 5 课   成山文化

清末民初以来，一句民谣在贵州遵义广为流传："要想唐家不做官，除非干断洗马滩。"关于唐家，省城贵阳还有一句民谣："高家的谷子，华家的银子，唐家的顶子。"这些民谣中所提到的唐家和乌当有着密切的联系，让我们顺着历史的脉络走近唐家所代表的成山文化吧！

忠孝成山

自明末清初以来的400年间，以唐廉、唐树义和唐炯为代表的唐氏家族，为我们深刻诠释了传统文化的意义。唐氏家族原居遵义，清朝道光年间，唐树义葬父于成山，自此唐家定居贵阳远郊水田坝，并以成山为家族墓园，故而又称成山唐氏。

成山唐氏人才辈出。唐树义为官清正，尽忠竭诚于国家。唐炯文武双全，为西南地区的经济、政治、文化发展作出过重要贡献。唐炯的后裔亦不乏名流显宦。唐尔镛，辛亥革命后曾任北洋政府教育司司长。唐尔镛热心文教事业，是贵州近代教育的奠基者之一，不仅参与创办贵阳一中，还创办了贵

◆ 唐氏家族全家福（民国初）

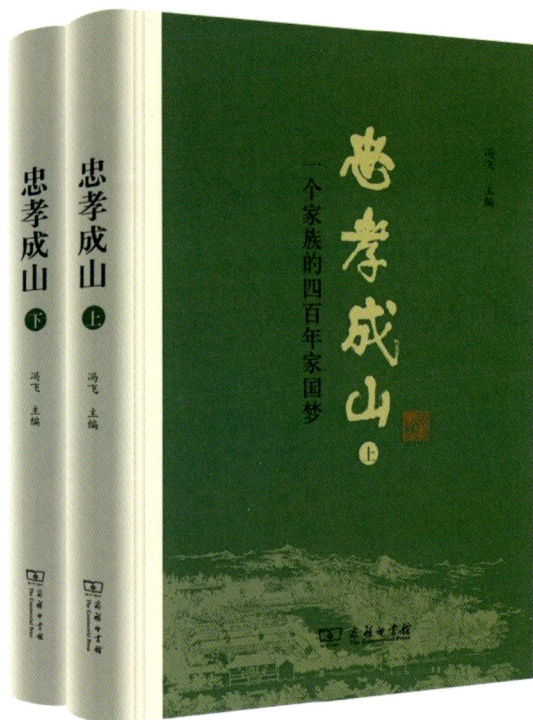

◆ 《忠孝成山》书影

州最早发行的报纸《黔报》。唐尔铜，辛亥革命前出任大清银行清理处总办，民国二年（1913年）被南京临时政府任命为中国银行总行行长。唐尔锟，唐炯的长孙，曾在民国初年被北洋政府任命为"贵州护军使"。

随着时光的流逝，曾经在历史舞台上大放异彩的唐氏家族早已是繁华散尽，但是成山唐氏传承下来的忠孝精神必将绵延不绝。

资料回放

中国传统文化的核心思想可以概括为"八德"，即孝、悌、忠、信、礼、义、廉、耻。孝，指的是孝顺父母，这是为人子女的本分；悌，就是兄弟姊妹之间要相互友爱；忠，就是要忠于祖国和人民；信，就是对朋友言而有信，不可失去信用；礼，是礼节，从小处讲就是见到人要有礼貌，从大处讲则是要遵纪守法；义，是说人们应该有正义感，要有见义勇为的精神；廉，是廉洁的意思；耻，既是说羞耻，也是讲自尊自重。由此可见，所谓"八德"，其实就是处理个体或者个体与社会的行为规范准则。

成山草堂

成山草堂又称成山别业（俗称"唐家大院"），位于乌当区水田镇竹林村蔡家寨。创建于清道光初年，光绪初年曾改扩建。历史上，成山草堂是一座规模宏大、传承有序的乡间别墅，世代由长房长孙继承管理，其职责是对祖墓的看管、保护和维修。

◆ 水田蔡家寨

　　成山草堂原建筑面积 5 亩左右，现仅存约700平方米，原由正房、东西厢房、祠堂和门楼组成一座四合院，现存正房、门楼及东厢房。正房坐北向南，为穿斗式木结构悬山顶，青瓦覆盖，两层楼，上、下有廊，五开间。正厅对开的四扇大门上，分别有"一品当朝""禄位高升"木雕字样镌刻其中。

　　出于保护祖墓的需要，唐氏家族后人对祖墓的具体地点三缄其口，对外仅以"成山"二字虚以掩饰。知其底细者寥寥无几，仅限唐氏至亲密友，如清代的郑珍、莫友芝、陈钟祥、黄彭年、王人文、张之洞，民国时期的著

◆ 唐家大院

名学者杨覃生、凌惕安等。其中，王人文曾任"护理四川总督"，张之洞曾任两广总督、湖广总督，二人皆为唐家女婿。

资 料 回 放

　　根据《贵州通志·古迹志》记载，成山草堂的诞生，主要是源于唐源准落葬成山。关于葬父的过程，唐树义在其著作《梦砚斋遗稿》中有这样的记载："兹山土色皆红，容棺处间黄白赤泥，人咸称为福地。……且距省会四十五里，异日，虽势家亦无从夺焉！"

　　唐树义在其著作中说道："异日，虽势家亦无从夺焉！"翻译成白话文，大致意思就是：将来，任何一种势力或者任何人，都无法抢占（或破坏）我成山墓园这块风水宝地。令人惊讶的是，193个年头后，老人家自信的论断得到了佐证，"成山草堂"、成山墓园和唐炯当年办团的朝阳寺遗址，分别被列为乌当区和贵阳市文物保护单位。历史与现实相互照应，在"贵筑水田坝"演绎了一段人文佳话！

唐炯葬父

◆ 唐炯遗像

　　唐炯（1829—1909），字鄂生，唐树义的儿子，成山唐氏最杰出的代表，光绪年间官至云南巡抚。

　　咸丰四年（1854年）正月，湖北布政使唐树义在太平天国运动中殉难，依照唐树义遗嘱，唐炯在祖父唐源准墓的左侧为父亲设立了"衣冠冢"。

　　这年五月，正当唐家操办唐树义的丧事时，突然接友人从湖北咸宁来书相告，湖北抚标（巡抚直接指挥的部队）军功萧逢春，于金口下游水域意外寻得唐树义骸骨。唐炯的母亲刘太夫人闻讯，当即命家中丧事暂停。由唐炯前往湖北，核实此事真伪。唐炯于十一月十八日抵达金口，随即遍访当地乡民，了解父亲死难详情。萧逢春告诉唐炯，9个月前，当他在沙洲上装殓唐公遗体时，尸身尚未腐朽。唐炯随萧逢春来到葬地开棺敬验。这时，肌肤多已腐化，不过，仅就体态形状也略可辨识。但是唐炯终不敢完全相信，于是把遗体运至汉阳崇福寺中，按民间流行的"滴血验亲"方法进行验证。认亲确定，唐炯抚尸大哭，悲痛万分，决定将灵柩运回贵阳。

唐炯以办团练起家，数年间军功卓著，由是，唐炯步入仕途。光绪九年（1883年），唐炯任云南巡抚，后又被光绪皇帝授"太子少保"衔，达到其一生仕途的顶峰。

在那兵荒马乱的年代，年轻的唐炯不顾个人安危，辗转千里把父亲的灵柩从湖北运回贵阳安葬，由衷体现出儿子对父亲的挚爱。

拓展悦读

时局动荡的清末民初，成山唐氏长盛不衰，与其家庭教育密不可分。现选录唐树义写给儿子唐炯的一首词供同学们鉴赏。

前调·寄炯儿

寄语娇儿女。算三旬，平安已过，锦官城里。暑雨炎风无恙否，眠食皆当留意。况蜀道，崎岖之至。帽影鞭丝宜检点，莫登山临水恣游戏。言不尽，语应记。

此行毕竟因何事。趁秋风，五光十色，珍珠满纸。斫桂斧头磨就了，稳折一只高举。才算是，读书种子。两字登科先报与，惹尔翁一笑掀髯起。休忘也，早衰矣。

课后活动

请进一步探究忠孝文化，并交流分享所得。

第 6 课　三线建设

　　〇八三、五〇一、万江厂、新光厂，这些企业的名称在我们乌当可谓家喻户晓。这些企业是在什么样的背景之下兴建的呢？又是什么时候迁入乌当新添城区的呢？让我们一起来揭开这些谜底吧！

三线建设缘起

　　三线建设是我国在1964年至1978年间，以战备为指导思想展开的一次宏大的工业体系建设。简单地说，就是在既不沿海也不沿边的广大内陆地区建立相对独立的国防、科技、工业和交通体系。实质上，就是要为中华民族建设一个牢固的"战略大后方"。

　　根据毛泽东主席的战略构想，全中国划分为前线、中间地带和战略后方三大板块，分别简称为一线、二线和大三线。按照中国军事经济地理区划，沿海和边疆地区是第一线，三线则是指长城以南、广东省韶关以北、京广铁路以西、甘肃乌鞘岭以东的广大地区，相对于西北、西南的大三线，中部及沿海地区腹地称小三线。用今天的概念来说，它基本上是指不包括新疆、西藏和内蒙古在内的中国中西部。介于一、三线地区之间地带，就是二线地区。

　　1956年起，由于意识形态和国家利益方面的矛盾，曾经

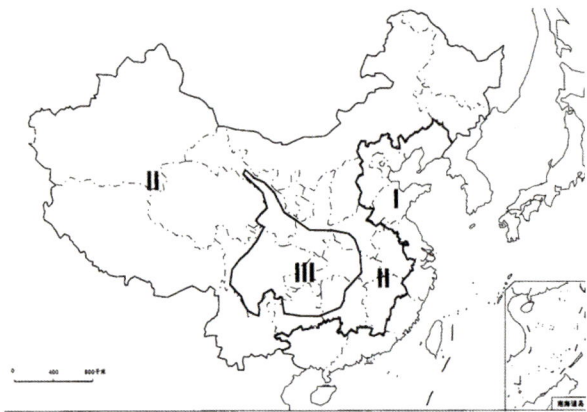

图 1—1　中国一线、二线、三线地区的划分

◆ 三线建设示意图

的亲密盟友，中国、前苏联之间的关系逐渐走向恶化。前苏联在中苏、中蒙边境陈兵百万。1969年，两国之间甚至爆发了珍宝岛武装冲突，我国北部边疆局势日趋严峻；同时，自新中国成立后，中美关系长期处于敌对状态。美军北踞韩国、南控南越，并驻军台湾，对我国沿海地区形成包围之势。除了来自两大超级大国的强大压力外，1962年，印度在中印边境挑起事端，直接导致中印军事冲突。20世纪六七十年代的中国面临着极为恶劣的安全环境，战争大有一触即发之势。然而，当时我国的国防工业主要布局在东北和沿海地区，这种工业布局与备战的要求极为不符，为了扭转不利的局面，国家决定集中力量建设三线。

三线企业从东北和沿海迁至地处内陆的贵州等地，这无疑是国家的一项战略壮举。历经数十年艰苦卓绝的建设，至今仍散发着耀眼的光芒。

三线企业在乌当

截至2016年，乌当区内的三线企业总共有四家：中国振华电子集团有限公司（代号"〇八三基地"）、中航力源液压股份有限公司（代号"五〇一厂"）、中航工业贵州万江航空机电有限公司和贵阳新天光电科技有限公司（"新光厂"）。

中国振华电子集团有限公司，又称"〇八三基地"。该基地是国家在贵州建立的军工电子基地，1986年，〇八三基地迁来乌当区。在改革开放以前，企业主要研制计算机、雷达、无线电专用设备、电子仪器仪表、电子元器件等，参与了卫星通信接收、发射等系统的试制和生产，此时主要以军用物品为主。1997年后，经历人员、资金重组，技术创新后，实现市场化运作，公司成功上市，集团走向良性发展阶段。

◆ 〇八三基地

　　2003年10月15日清晨，"神舟"五号载人飞船如巨龙般腾空而起。十几分钟后，飞船成功进入预定轨道，这标志着中华民族千年的飞天之梦终获成功。你可知道，这份荣耀的背后有着我们乌当振华儿女一串串闪光的足迹。自1995年以来，振华集团为"神舟"项目提供了200多个品种，42万余只高可靠、长寿命的军用电子元器件，满足了航天产品各系统的特殊配套要求，确保了"神舟"五号发射工作的万无一失。四十多年的发展历程中，〇八三基地还为中国自己的卫星上天、潜艇入海、洲际导弹发射、水下核试验、正负电子对撞机的成功试制等国家重点工程做出了卓越贡献。

　　中航力源液压股份有限公司，简称"五〇一厂"。1992年，由乌当区新场乡迁至新添寨北衙村。五〇一厂在三线建设时期，主要生产歼六、歼七的配件及海军和空军的零配件，批量比较大的是三型柱塞棒，为国防建设做出了重要贡献。1984年后，该厂运用军工液压的技术优势，生产高压柱塞液压泵，企业实现"军转民"，军民品结合生产销售，其中民品销售额占80%以上是典型的寓军于民企业。1996年公司上市改制，2007年后实施集团化战略，积极融入世界液压产业链，正在打造世界一流的液压专业化企业。

　　中航工业贵阳万江航空机电有限公司，原名"贵阳万江航空机电厂"。1995年，该公司由修文扎佐迁至乌当区新添寨。1966—1980年，公司生产经营以军品为主，军品主要以歼机配套电机、电动机构力臂调节器为重点。1990年后，公司确立以生产军品、汽车配件、烟机及配件产品为主要支柱。2000年实现了公司重组，走向了良性发展之路。

　　贵阳新天光电科技有限公司，原名"新天光学仪器厂""新天精密光学仪器公司"。1965年1月，中国第一机械工程部确定并批准原"上海光学仪器厂"一分为二，将设备和人员内迁至贵阳，组建

◆ 三线建设光荣证

"贵阳新天光学仪器厂"。1966—1984年，为海军生产军品时期，主要产品是潜望镜。1978年4月，该厂曾经荣获全国科学大奖。目前公司主要产品有投影仪、工具显微镜、测长机、光学计、物理光学仪器、数显产品等八大产品系列共百余种产品及精密组件。

资料回放

潜望镜是指从海面下伸出海面或从低洼坑道伸出地面，用以窥探海面或地面上活动的装置。其构造与普通地上望远镜相同，唯另加两个反射镜使物光经两次反射而折向眼中。潜望镜常用于潜水艇、坑道和坦克内用以观察敌情。1967年8月，新中国第一台潜艇潜望镜便诞生于贵阳新天光学仪器厂。

三线建设企业进驻以前，乌当区的工业结构基本以小型企业为主，产品没有多大技术含量；三线企业进驻后，我区的工业结构才发生了根本性变化。同时，这些企业也对乌当区的文化、教育、卫生、科技、人才等方面的发展产生了深远影响。

拓展悦读

"备战备荒为人民，好人好马上三线。"正如那个时代的口号一样，1964至1978年间，数百万工人、干部、知识分子加入了新中国历史上这场规模空前的经济建设和工业转移中。据新光厂退休职工，毕业于北京理工大学的邬秀凤回忆，由于父亲有病在身，原本她也可以选择留沪，但当时一心只想着"国家培养我学军品，不好意思说不去"；她的同事卞铁夫也清晰地记得，离开上海时，自己写过一份决心书，上面写的是"誓与贵阳人民风雨同舟"几个大字。

◆ 三线建设宣传画

这种为国家舍小家的三线精神，正是我们中华民族屹立数千年不倒的力量源泉。

课后活动

请拜访一位三线建设的亲历者，并根据他（或她）的描述做一份口述历史。

缘结乌当

在乌当这片沃土上，许多历史名人留下了他们的足迹，这不但丰富了乌当的人文历史，更留给了我们许多宝贵的精神财富。女政治家刘淑贞，以她杰出的智慧，谱写了一段汉彝民族团结、和谐发展的佳话；千秋廉吏高廷瑶，以"修身、齐家、治国、平天下"为己任，为今天廉洁为官树立了典范；一代名臣唐树义，为我们树立了忠孝的榜样；教育巨擘李端棻，对中国教育作出的巨大贡献，让后人受益至今，使贵阳人发自内心地感到骄傲和自豪；当人们看到街上滚滚车流的时候，怎能忘怀为中国石油工业的发展做出巨大贡献的地质学家李四光！让我们从历史名人身上汲取精神力量，更好地为乌当的发展而努力！

第 7 课　民族团结的典范刘淑贞

　　中国从秦朝开始就建立起统一的中央集权制度，这一制度保证了国家的稳定和经济的发展。各民族的团结和国家的安定是这一制度能够得以实现的前提。刘淑贞在贵州历史上起过什么特殊的作用？她与乌当又有着怎样的渊源呢？

代袭"土司"

　　在贵州历史的长河中，土司文化有着重要的影响。我们都知道新添寨有两个重要的地名：洪边和北衙。贵州历史上四大土司之一的水东土司就把政治、军事、经济及文化中心设在这里。在其统治最强盛时，地域包括今天贵阳市的乌当区、白云区、花溪区东部、开阳县，以及黔南州的龙里、贵定和福泉市的南部等地。

◆ 刘淑贞塑像

　　刘淑贞，明朝水东土司宋钦之妻，因其丈夫去世早，儿子宋诚年幼，中央政府同意刘淑贞代袭水东土司一职。

　　刘淑贞机敏练达，很有政治头脑。明朝初年，地方官吏不体恤民情，赋税沉重，老百姓怨声载道。刘淑贞不顾路途艰辛，到南京奏报贵州实情，明朝中央政府及时调整对贵州的政策，使人民得以安居乐业。这体现了刘淑贞体恤百姓，关心家乡，有治理好一方水土的理想。

化干戈为玉帛

　　在刘淑贞的政治生涯中，曾有一段维护民族团结和国家统一的佳话。时任贵州都指挥使马烨，好大喜功，人称"马阎王"，很想开拓边疆，急于建一番功业，欲取消中央政府难以控制的土司制度，改设州、县，代以中央任命的流官来统治贵州，以加强中央对贵州的统治。

　　为了逼迫水西土司（统治今毕节地区以彝族为主）反叛，从而名正言顺地消灭土司。马烨以有位头人控告奢香为由，借机发难，以便乘机荡平水西。他命壮士剥去水西土司奢香的衣服，裸露上身用鞭子猛抽其背。水西四十八部的头领得知奢香受辱，无不义愤填膺，发誓愿全力帮助奢香，誓报此仇，准备起义造反，贵州民族矛盾空前激化。在这一触即发之际，足智多谋的刘淑贞看穿了马烨激反水西土司的阴谋。她亲自前往水西，劝说奢香以国家利益为重，不要中马烨激反水西的毒计，刘淑贞帮助奢香出主意、想办法，并为此事远赴京师（今南京），报告马烨破坏民族团结的所作所为及贵州严峻的局势。朱元璋被刘淑贞的一片忠心所打动，为了明朝的稳定，接受了她的建议，并同意召见奢香。刘淑贞为平息贵州边乱创造了条件。1384年刘淑贞领奢香再度入京。奢香向朱元璋陈述实情，并请求皇上治罪马烨。朱元璋诛杀马烨，安抚了奢香及彝族老百姓。为表彰刘淑贞，朱元璋封她为"明德夫人"。

　　刘淑贞以女政治家的气魄，化干戈为玉帛，避免了民族大仇杀，使人民免遭战争劫难，稳定了贵州政局，维护了民族团结。

发展交通

　　贵州山高林密，地势险要，交通不便，社会经济环境十分封闭。刘淑贞与奢香返回贵州后，为报皇恩和改变贵州偏僻闭塞的状况，亲率众族人齐心协力，开山劈岭，筑路架桥。刘淑贞主持修建了"黔蜀周道"（贵州进入四川的驿道）。在她的影响下，宋氏后人修路架桥改善交通的做法，一直延续到宋氏末代。

在今天乌当区境内，仍完好保存着刘淑贞后人主持修建的乌当大桥、下坝大桥、九眼桥、马场桥等。在燕子冲、三江村和下坝镇境内，发现有修于明代的古道数段。古道的开通，促进了西南各民族的友好交往、商贸活动和经济文化交流，巩固了祖国的西南边疆。古人赞叹道："西南赖以益辟者，乃刘淑贞之力也。"

◆ 下坝古道

刘淑贞率领水东百姓筑路修桥，开通了贵州到四川的驿道，为边疆地区经济的发展创造了条件，客观上进一步巩固了祖国的西南边疆。

在羊昌豫章书院门前的草地上，屹立着刘淑贞的塑像。每当假日，来此游玩的人们，总会仔细品读塑像前的碑文。女政治家的事迹提醒着人们，维护国家统一和民族团结是每个公民应尽的义务。青年学生应以历史英雄为榜样，志存高远，发奋图强，让先辈传承下来的江山坚如磐石、繁荣强大。

拓展悦读

◆ 奢香夫人像

奢香夫人（1358—1396），彝族，名舍兹，又名朴娄奢恒。元末明初人，出生于四川永宁，系四川永宁宣抚司、彝族恒部扯勒君亨奢氏之女。是彝族土司、贵州宣慰使陇赞·蔼翠之妻，婚后常辅佐丈夫处理政事。明洪武十四年（1381年），蔼翠病逝，因儿子年幼，年仅23岁的奢香承担起重任，摄理了贵州宣慰使一职。奢香摄理贵州宣慰使职后，筑道路，设驿站，疏通了内地与西南边陲的交通，巩固了边疆政权，促进了水西及贵州社会经济文化的发展。明洪武二十九年（1396年），奢香夫人病逝，年仅38岁。朱元璋特遣专使吊祭奢香，同时敕建陵园、祠堂于洗马塘畔。

课 后 活 动

请列举乌当区主要的少数民族，并说说你为维护民族团结所能做的事。

第 8 课　千秋廉吏高廷瑶

　　在新添寨的"步行街"上，有一尊青铜像，身着清朝官服，两眼炯炯有神，手拿书卷，凝视着远方。他是谁？为何值得今天的人们为他树碑立传？

著名"循吏"

　　高廷瑶（1759—1830），今乌当区北衙村人。北衙村，明朝时曾是水东洪边宋氏"洪边八景"之一——"北庄绮陌"。生于美丽村庄的高廷瑶，从小学习刻苦，志向远大，1786年参加贵州乡试，高中举人第一名（相当于今天贵州的高考状元）。

　　高廷瑶考中举人后，奉旨在广东、广西等地为官。历任安徽凤阳同知、广西平乐知府、广州知府等职，他本着"修身、齐家、治国、平天下"的思想，勤于政事，判案公正，平反冤狱，秉公执法，恤民保民，政声颇著，深受当地民众爱戴。他学识广博，善言辞，声若洪钟，遇事高谈雄辩，令人折服。为官善断讼狱，审案明决详慎，被誉为嘉庆、道光时期著名循吏。他把做官、工作的经历总结成书，著有《历官信谳（yàn）录》

◆ 高廷瑶塑像

和《宦游纪略》，总结为官的经验和教训，反映了清朝中后期官场以及社会现状，具有较高的史料价值。

资料回放

洪边八景

据《贵州通志》（卷之十）、《乌当区地名志》载："洪边八景"即翠屏旭日、秀岭晴霞、北庄绮陌、南谷琼林、环溪素月、马陇灵源、螺岩飞瀑。明成化年间，曾在贵州担任过巡按察御史的王子沂有题"洪边八景"诗，对当时洪边的自然风光作了生动形象的描绘。现录其中一首，供品鉴。

北庄绮陌

北庄风景竟如何，四境惟春觉最多；
花锦蝶晴翻玉拍，柳丝莺暖掷金梭。
行厨雅称传醹酥，步障毋须斗绮罗；
谁道边陲无胜概，却劳骢马一来过。

英才辈出

高廷瑶从小在良好家风的影响下，养成行善助人的好品行。他喜读圣贤之书，从儒家"修身、齐家、治国、平天下"思想中领悟到深刻含义，铸就"以天下为己任"的人生抱负。为了实现自己的人生抱负，高廷瑶每天闻鸡晨读，面壁而思。学习中敢于提问，不怕困难。曾四次赴京参加会试。高廷瑶的言行深深影响了后代。

◆ 高家花园

高氏后人人才辈出，其中有多人参加到中国共产党领导的人民解放事业中。高廷瑶的后人高言志于1935年2月加入中国共产党，成为贵州地下党员，曾任中共贵阳县委青年委员，1938年任贵阳客运汽车站副站长时与八路军贵阳交通站密切合作，完成护送党的重要领导人徐特立、潘汉年、李克农、张云逸等人安全离开贵阳的光荣任务。高昌谋是中共贵阳中学地下党支部书记，1950年5月13日被国民党参与武装杀害。高言善于1948年考入贵州大学外语系，1949年春加入新民主主义青年团（今共青团），在学生中从事革命活动而被捕。高言善在贵阳解放前夕的1949年11月11日，与72名革命志士一道被敌人杀害，1949年11月15日贵阳解放，1950年1月8日贵阳市人民政府专门举行追悼"双十一惨案"革命烈士大会。

泽被后世

高廷瑶热爱家乡，积极参与家乡的公益事业。他认为读书是一个人成才的基础。为了振兴家乡，培养地方人才，他筹资建北衙私塾。招收各阶层子弟入学，并亲自撰文立"崇礼明教"北衙修学房记碑。此碑至今保存完好，为研究清代私塾教育提供了宝贵的实物依据。

在今天的贵阳文笔街上，有一座古建筑"高家花园"，20世纪30年代至40年代，这里曾经是中共贵州地下党的秘密工作场所。1982年高家花园被列为贵州省文物保护单位，1988年被定为中共贵州省工作委员会旧址纪念地，1997年又被命名为贵州省爱国主义教育基地。2017年3月，被中宣部命名为"全国爱国主义教育示范基地"。

拓展悦读

高家花园，坐北朝南，占地3000多平方米，系高廷瑶所建。为清代乾隆以来高氏聚居的住宅，高氏是清代贵阳几个显赫的大家族之一。1935年1月，中央红军长征抵达遵义。遵义会议期间，林青向中共中央组织部部长、红军总政治部地方工作部部长罗迈（李维汉）汇报了贵州地下党组织的情况。中央承认和肯定了贵州地下党。罗迈代表中央批准由林青、邓止戈、秦天真组成中共贵州省工作委员会。1935年2月，贵阳高氏家族成员高言志加入中共地下党，为了掩护革命工作和便于同志们联络，经高言志建议，提供高家花园中"怡怡楼"和"楼外楼"两处房屋，作为同志们栖身和工作、会议之地。

课后活动

"千秋廉吏高廷瑶"的史实，给我们的启示有哪些？

第 9 课　一代名臣唐树义

乌当水田，山水秀美，云雾山、盘龙山、相思河享誉贵阳。
历史名人唐树义为这一方土地增添了厚重的人文气息，他对忠孝
文化的发展有何影响？近代贵州文化的发展，他又有哪些贡献？

良好家风

◆ 唐树义像

唐树义，字子方，清乾隆五十八年
（1793年）出生于遵义，嘉庆二十一年（1816
年）中举，后从政，是一位体恤百姓、品行高
洁的清官。

唐树义之父唐源准也是一位爱国爱民的清
官。清嘉庆三年（1798年），唐源准中举，清嘉
庆十三年（1808年）起历任广东阳山县知县；署
英德、清远等县知县，钦州知州和廉州海防同
知，世称"阳山公"。

唐树义从小在严格的家教环境中成长。13岁
时，父亲唐源准亲手为他编撰蒙学课本，并严令一
笔一画抄录背诵，其中有这样一句话："尝闻君忧
臣辱，君辱臣死。此千古人臣之大义也！"

家世繁华

与唐树义深交者，大多是名流显宦。例如，清代名士吴文镕、黄辅

辰、黄彭年父子、曾国藩、左宗棠、骆秉章、胡林翼、王柏心等。世人敬仰的民族英雄林则徐，既是唐树义的上司、伯乐，也是他肝胆相照的好朋友。无论林则徐顺境逆境，唐树义皆与其荣辱与共、坦荡相依。

清道光二十年（1840年）秋，林则徐因"虎门销烟"获罪，遭到了革职、流放等不公平的处置。道光二十二年（1842年）夏末初秋，林则徐发配新疆，途经甘肃时，唐树义正好任兰州道道员。他派出专人，在百里之外迎候备受委屈的上司兼好朋友。在《林则徐日记》中，记载了这对老友相聚的点点滴滴，例如宴饮聚会、题赠书法墨宝及吟诗著文，等等。

唐树义为官28年，先后在湖北、甘肃、陕西担任过知县、知府、道员、布政使、按察使等职务。道光二十八年（1848年），唐树义代理湖北巡抚期间，湖北遭遇洪灾，四十多个县发大水。唐树义废寝忘食地赈灾，终积劳成疾。更因与总督赈灾意见不合，遂于次年冬告病还乡，在贵阳堰塘坎修筑"待归草堂"闲居养老。"待归草堂"，人称"唐家花园"——这是湘川唐氏由遵义迁居贵阳后的主要落脚地。在此之前，唐氏已在远郊水田坝"成山草堂"定居。

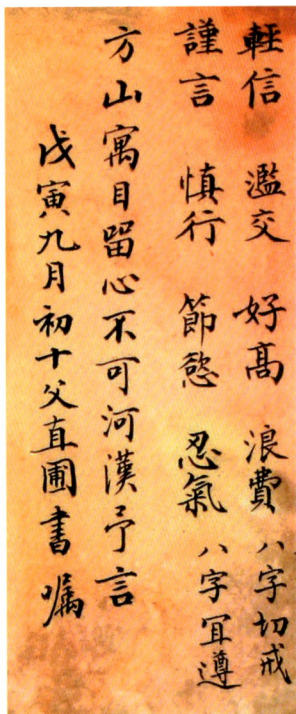

轻信 滥交 好高 浪费 八字切戒
谨言 慎行 节欲 忍气 八字宜遵
方山寓目留心不可河漢了言
戊寅九月初十父直圖書牗

1818年，唐源准任广东阳山知县时，写给儿子唐树义的家训

关心桑梓

唐树义不仅是清正廉洁的官员，而且是清代中晚期著名的诗人、学者。著有《梦砚斋遗稿》《待归草堂诗文集》《癸甲从戎录》等。

唐树义曾资助学者周作楫编纂《贵阳府志》。唐树义殉难后，其子唐炯继承他的遗志，继续资助郑珍编纂《播雅》，在唐炯的帮助下，《播雅》正式刊印问世。郑珍把唐树义的遗作编为一卷，殿诸《播雅》之后。因此，刊印行世的《播雅》，由早年的24卷增为25卷。

著名学者莫友芝编纂的《黔诗纪略》，其文献价值、文学价值与《播雅》同等重要。这部诗歌巨著也受益于贵阳成山唐氏。咸丰三年（1853年），唐树义辞官回贵阳赋闲时，曾允诺出资刊印《黔诗纪略》。唐树义殉职后，其子唐炯子承父志，起起落落历时16年，资助莫友芝完成了该书的编纂校订工作。

资料回放

　　《贵州汉文学发展史》一书中，在《道咸贵阳词家》这一章节记述了成山唐氏及唐树义的文学成就："……遵义唐氏代有诗人，也有善倚声者。唐惟安有《敬亭诗余》，惜已佚。其族曾孙唐树义有《梦砚斋词》一卷传世。唐树义，原籍遵义，后移居贵阳。其诗多艳逸风情，体近'香奁'。而词则多豪博放旷之气。赠答怀旧和咏古之词多，而纪游写景之作少。咏古之作，以《金缕曲·郭汾阳墓》为佳。咏物之作有《前调·眼镜》《金缕曲·闺中咏灯花》等，以小喻大，生趣盎然。写景之作有《齐天乐·磁州道中》。"

　　曾国藩创办湘军，曾邀聘莫友芝担任幕僚。清同治九年（1870年），莫友芝出任扬州书局主校刊，此时，唐炯以四川总兵身份，率部援黔剿匪。其间他寄白银五百两给莫友芝，作为《黔诗纪略》的刊资。清同治十年（1871年），莫友芝辞世，其子莫绳孙于同治十二年（1873年）将《黔诗纪略》付梓。

　　唐树义、唐炯父子前赴后继，资助郑珍、莫友芝刊印问世的《播雅》《黔诗纪略》，是两部重要的文学巨著，更是中华民族宝贵的文化遗产，它们在灿烂的历史星空下熠熠生辉，增加了贵州人的文化自信。

拓展悦读

唐树义诗两首

寄怀赵直夫孝廉本扬，时归黔中

京国一挥手，飘然数友生。
江山余倦客，风雨动诗情。
北地消寒会，西溪载酒行。
输君归未得，愁听鹧鸪声。

题杨一泉二尹《黔昌红袖添香图》

一官迢递越仙霞，十载闽云鬓欲华。
往日风流犹忆否？高斋深柳一枝花。

课 后 活 动

请收集古今中外著名的"家训"，并开展一次主题交流活动。

第 10 课　北京大学的奠基人李端棻

在贵阳永乐乡（原属乌当区），有一个春天桃花满山、秋天硕果累累的地方，在这成片的桃园中，安息着贵阳十大文化名人之首——李端棻。他对中国近代教育的发展有什么贡献？他与贵州的教育又有怎样的历史渊源呢？

"大教育"思想的开创者

李端棻

李端棻（1833—1907），贵阳人。年幼丧父，与母亲相依为命。从小热爱学习，30岁考中进士。他的叔父李朝仪是个清正廉明的好官，对他关爱有加，故李端棻深受叔父的影响。同治、光绪两朝，李端棻皆被委以重任，历任云南学政、监察御史、刑部侍郎、工部侍郎、仓禀总督等职。

甲午战争后，中国面临被帝国主义列强瓜分的危机，变法图存成为当时社会共同的呼声。李端棻认为国家改革必须要从教育入手，人才的培养是国家强盛的关键。1896年6月12日，李端棻奏《请推广学校折》，请立京师大学堂，仿照西方教育模式培养适应国家发展的新型人才。实际上是倡导开展社会教育，是"大教育"思想的开端。支持新法救国的光绪皇帝采纳了他的建议，下令在全国施行。

　　《请推广学校折》摘要："时事多艰，需才孔丞。请推广学校，以励人才而资御侮。"指出人才之多寡，系国家之强弱，中国济世伟才之贫乏，非天之不生才，而是教之之道未尽也。李端棻认为，要造就异才，还需要有以下几项与设学校相配合：一是设藏书楼（图书馆）；二是创仪器院（实验室）；三是开译书局；四是广立报馆；五是选派游历。以上各项如能相辅相成，切实施行，"十年以后，贤俊盈廷，不可胜用矣，以修内政，何政不举？以雪旧耻，何耻不除"？此折开清末建立学校系统的先声，影响巨大。

创建北京大学

　　在李端棻的奔走呼号下，京师大学堂于1898年在北京建立起来（辛亥革命胜利后，1912年京师大学堂改名为北京大学），这是中国近代文化教育改革的重要事件，是中国教育史上的一个里程碑。

　　戊戌变法虽然失败了，但"废科举，兴学堂"的历

◆ 北京大学

史潮流滚滚向前，近代教育由此兴起，一直延续至今，影响极其深远。

　　时至今日，北京大学校史陈列馆的第一馆便是"李端棻"馆，以纪念这位为中国近代教育做出巨大贡献的贵州贵阳人和曾经的乌当人。

李端棻与戊戌变法

　　李端棻忧国忧民，全力支持戊戌变法。当时"朝中言变法者，二品以上唯端棻一人"。他推荐康有为、谭嗣同等人参加变法，从而推动了维新变法。

李端棻慧眼识才，提携梁启超。在与梁启超的言谈中，知梁启超胸怀大志，忧国忧民，爱其才而生联姻之意，将堂妹李蕙仙许配给梁启超。他们常常娓娓而谈"西学"，侃侃而论"维新"，心意相印，志同道合，成为忘年之交。戊戌变法总共推行了103天，便被慈禧太后扼杀于摇篮之中。李端棻因保荐康有为、梁启超等人参加变法而获罪，被解职离京，发配新疆。

资　料　回　放

　　梁启超（1873年2月23日—1929年1月19日），清朝光绪年间举人，中国近代思想家、政治家、教育家、史学家、文学家。戊戌变法（百日维新）领袖之一，中国近代维新派、新法家代表人物。维新变法前，与康有为一起联合各省举人发动"公车上书"运动，此后先后领导北京和上海的强学会，又与黄遵宪一起办《时务报》，任长沙时务学堂的主讲，并著《变法通议》为变法做宣传。

贵州人的文化自信

　　1901年，李端棻回到贵阳。此时他已年逾古稀，仍然不忘振兴教育，决心在家乡培养一批有为之士。1904年，他联合贵阳士绅华之鸿、任可澄、于德楷、唐尔镛等人，将原贵阳府学改为贵阳中学堂，1906年改为贵州通省公立中学堂（即今天的贵阳一中的前身）。

　　李端棻一生致力于办学，培养人才。一位学者这样评价："李端棻不仅仅属于贵州，他更应当属于近代中国，属于中国近代改革运动史……"今天，安静简朴的李端棻墓，让贵阳人由衷的景仰！

◆ 永乐乡李端棻墓

如今，虽然李端棻墓地不再属于乌当辖地，但乌当人会永远崇敬李端棻！

课 后 活 动

请查阅资料，了解更多关于李端棻与教育有关的故事。

第 11 课　著名地质科学家李四光

在乌当东风镇政镇府附近有一个小广场，古色古香的建筑，林木翠绿，鸟语花香。广场中间有一尊塑像吸引着人们的目光，它就是李四光在贵州的唯一纪念地。李四光在历史上对国家有什么重大贡献？他与我们乌当有什么关系？我们一起让时光倒流，回顾那一段难忘的历史。

卓越贡献

▶ 李四光雕像

李四光（1889—1971），湖北黄冈人，毕业于英国伯明翰大学，我国著名的地质学家和古生物学家。20世纪20年代，他在重庆大学开设了第一个石油专业。其最大贡献就是创立了地质力学，并运用这一理论研究中国地质条件和石油形成的关系，为中国找到大油田，抛掉"贫油"帽子作出了重大贡献。

新中国成立后，帝国主义国家对中国进行封锁，妄图把新生的人民政权扼杀在摇篮之中。我们急需的许多物资无法从国际市场输入，特别是工业生产的血液——石油奇缺。20世纪50年代末期，中国困难到许多汽车因没有石油而无法开动，只好用煤气代替的地步。于是在街上出现了奇怪的一幕，汽车顶上背有一个大大的煤气包，至今许多老人都难以忘记。中国急需自己开采出石油。资本主义国家的地质科学权威断言，中国的地质构造决定了中国地下没有石油，中国只能听天由命，屈服于帝国主义国家，才能得到石油。正是在国家危急的关头，李四光用他扎实的地质力学知识认真研究，带领科学工作者日夜奔走于祖国的山川河流，最终得出了科学的结论：中国地下不仅有石油，而且数量巨大。这推翻了外国地质权威的断言。李四光首先在中国东北黑龙江省松辽平原（今大庆市）画出一片地带进行石油勘探。历史上就涌现出"拼命也要拿下大油田"的石油英雄工人王进喜。

1959年9月26日，不到一年时间，大庆第一口油井喷油流。工人们激动地向毛主席报喜，毛主席得知这个消息后非常高兴。因9月26日已临近新中国十年大庆（1949—1959），油田的成功出油是石油工人给新中国十年大庆最好的礼物，中央决定把这个油田命名为大庆油田，1960年在党中央的指挥下全面开展石油大会战，从此中国把贫油的帽子抛到了太平洋去了。我国生产的石油不仅能满足本国的需要，20世纪60年代至90年代，我国还有能力出口石油到国际市场赚取大量的外汇，支持社会主义建设。

情结乌当

李四光与乌当结下不解之缘是在抗日战争期间。1937年卢沟桥事变爆发，日本开始全面侵略中国，当时李四光任中央研究院地质科学所所长，为了保留下中国的精英科学家，为战后的建设保存人才的种子和资料仪器，李四光带领地质科学家们一路西迁，先到湖南长沙，为避开日军的追击，又撤退到广西桂林。国民党军队的不断溃败，又使桂林处于危险之中。正在李四光焦急万分之时，李四光想起他的学生乐森璕（xún）。

乐森璕是著名的地质学家，贵阳人（贵州大学教授、贵州省矿产探测团主任）。乐森璕当时负责的贵州矿产探测团正在乌当洛湾开展探测工作。乐森璕是李四光在北京大学任教期间的得意门生，他后来成为中国地质科学

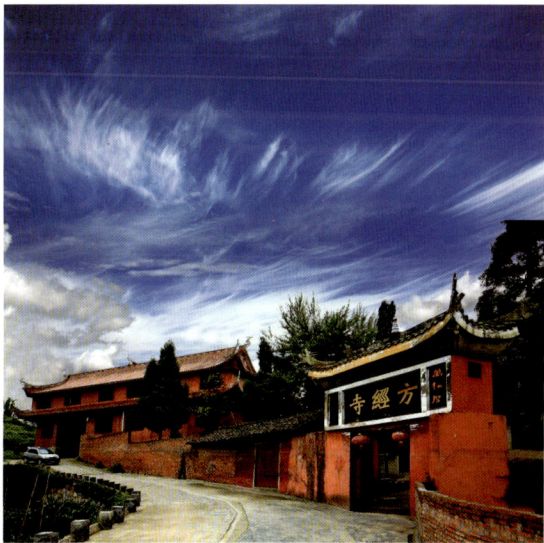

◆ 于万松阁遗址上所建的方经寺远景

发展的四大奠基人之一。作为学生和爱徒，接到老师要将中国地质研究所迁到贵阳的消息后，乐森璕积极准备，四处寻找合适的办公场地，最终认为乌当洛湾一带条件最为适宜。1944年初，李四光一行来到了乌当。李四光及家人住在洛湾的万松阁内，地质研究所的人员分住在周围的农家。办公和研究场所也设在万松阁内。他们经常坐船来往于南明河两岸，到今东风镇购买生活用品。

在生活极其艰难的条件下，科学家们仍然坚持学习和研究。他们知道，一旦战争结束，重建家园更需要科学知识。李四光在乌当期间，走遍了周围山川，收集到大量第四纪冰川的重要证据，推翻了当时外国学术权威关于"中国无冰川"的论断，而且对我国寻找地下水资源、砂金矿藏，以及选定重点项目工程的场址都起到重要作用。李四光把在乌当盆地收集到的第四纪冰川遗迹资料整理清楚，进行潜心研究，最终写成《贵州高原冰川之残迹》等论文，发表在中国重要学术刊物上。以洛湾—乌当盆地在第四纪冰川遗迹的铁证推翻了"中国无冰川"的论断，引起了国际地质界的震动，提高了中国地质学在世界的影响力和地位。李四光曾说："如果没有洛湾、乌当盆地的冰川遗迹，将难以证明贵阳盆地及贵州高原有第四纪冰川的存在，中国第四纪冰川也将失去一份有力的证据。"

福泽乌当

李四光的科学研究成果直到今天都还在造福着乌当人。1944年初，李四光在乌当期间带领地质科考团队在乌当区顺海村叶家庄勘测到了地热资源（温泉）。2007年乌当区政府根据李四光《乌当高原冰川之残迹》的相关文献资料，在乌当顺海村对深层地下资源进行开采，成功地从地下3200米的深层岩石区高电性碳酸盐地层开采出温泉，水温高达67摄氏度，日流量2000多立方米，水质具有医养保健的作用，成为贵州最著名的温泉之一。如今的乌当被誉为"温泉之城""林中泉城"，李四光功不可没。为了纪念李四光，乌当人专门修建了四光广场，还将一条城市干道命名为四光路。

同学们，从李四光的事迹中，我们深刻体会到真才实学是我们报效祖国的资本。知识就是力量，爱国需要你们志存高远、努力拼搏、学有所长，才能像李四光一样成为国家的栋梁之材。

拓展悦读

第四纪冰川是地球史上最近一次大冰川期。冰川的发生是因为极地或高山地区沿地面运动的巨大冰体，由降落在雪线以上的大量积雪，在重力和巨大压力下形成，冰川从源头处得到大量的冰补给，而这些冰融化得很慢，冰川本身就发育得又宽又深，往下流到高温处，冰补给少了，冰川也愈来愈小，直到冰的融化量和上游的补给量互相抵消。 一般冰川为舌状，冰川面往往高低不平，有的地方有深的裂口，即冰隙。冰川可分为大陆冰川和山岳冰川两大类。第四纪时欧洲阿尔卑斯山山岳冰川至少有 5 次扩张。

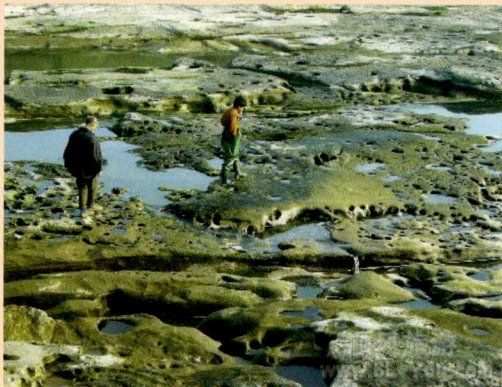

◆ 第四纪冰川

课后活动

想一想，李四光为什么能为国家做出巨大贡献？

历史遗存

可以说，每一处历史遗存，都是一段曾经鲜活的历史，在默默地述说那些真实的过往。猫猫山古人类遗址，填补了贵阳早期人类生活的历史空白。来仙阁、协天宫、川主庙，给我们留下辉煌灿烂的古建筑艺术。昔日文人墨客"敬惜字纸"的惜字塔，崇礼明教的北衙私塾，是当年人们重文崇礼的历史见证。曾经在历史上发挥过重要作用的普渡桥、乌当桥，历尽沧桑，至今岿然不动，让人感慨万千。红军曾经浴血奋战、流血牺牲的百宜，遗留"还我河山"抗日标语的黄连，屹立金芳云烈士纪念碑的小龙井，再现了那一段烽火岁月，让人心潮澎湃、热血沸腾。

第 12 课　贵阳人类的发源地之一——猫猫山遗址

人类由古猿演化而来，经历了直立人、早期智人、晚期智人（即现代人）的发展阶段。美丽的乌当，不仅有得天独厚的山水，同时也是贵阳早期人类活动的重要区域。

遗址发掘

猫猫山遗址，位于东风镇大堡村猫猫山东部的望天洞、猫耳洞两个洞穴内，两洞占地共139平方米。1997年11月经贵州省博物馆考古队调查发掘，发现大量原始人类的打制石器和具有石化程度的哺乳动物化石，并发现原始人类用火遗迹。经研究，可以确认该遗址为史前人类生活居住地，为旧石器时代晚期至新石器时代早期遗址，距今大约一万年。

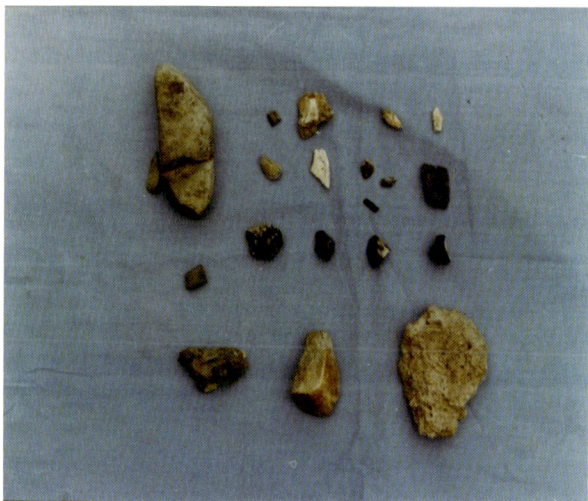

◆ 贵阳猫猫山遗址发现的打砸器、燧石

遗址价值

该遗址的发现，首次揭示了贵阳人类历史的渊源，填补了贵阳早期人类活动的历史空白。说明爽爽的贵阳，不仅是人间的天堂，同时还是中国人类发源地之一，使贵阳人在享有优美自然环境的同时，更拥有厚重的人文历史。

2000年12月18日，猫猫山遗址经乌当区人民政府公布为第二批区级文物保护单位。

◆ 猫猫山遗址

遗址保护

当前，我国的文化遗址正在面临着各种威胁，如洪水、地震、风化等自然因素，还有许多人为因素的破坏。在文化遗址保护方面，我们应如何做得更好呢？

首先要确立科学的指导思想和基本原则，处理好长远与当前、全局与局部、生态效益与经济效益的协调统一。坚持统筹规划，突出重点，量力而行，实事求是，按客观规律办事。其次，应当颁布相关法律法规，进行遗址保护，使得遗址保护有法可依。再次，政府应当重视对遗址的保护，在行政、财政方面给予大力支持。更重要的是，遗址保护需要每一个人的参与。作为中学生，要学习文物保护的知识，提高遗址保护素养。

拓展悦读

开阳县打儿窝崖厦古人类遗址

开阳县"打儿窝崖厦"古人类遗址，位于开阳县南江乡土桥村南江峡谷东南端、打儿窝半山腰的一个崖厦内，总面积约177平方米。2003年8月，贵州省考古研究所发现了此处古人类遗址。经中科院考古专家初步论证，基本确定打儿窝崖厦古人类遗址是一处距今15 000年至8 000年，并延续到宋明时期的古文化遗址。打儿窝遗址的发现，将整个贵阳地区人类活动的历史向前推进上万年。

贵安新区古人类遗址

2012年，在贵安新区，贵州考古人员发现了大量古人类洞穴遗址，并发掘出从旧石器时代一直延续到明清时期的大量遗物和遗迹。调查表明，古人类至少在距今三万年左右便开始在贵安新区境内繁衍生息。在这些洞穴遗址中，不少都具有较大的考古研究价值，如招果洞遗址、牛坡洞遗址等。贵安新区古人类遗址也因此成为贵州省境内时间最久远的古人类遗址。

课后活动

穿越历史，做一天原始人，体验、探寻猫猫山遗址。并就你所熟知的历史知识，列举出获取历史知识的途径。

第 13 课　古建筑艺术

　　"建筑是石头的史书"，是比文字的历史更真实、更直观的看得见的历史。在神奇而秀丽的乌当大地上，屹立着璀璨的古建筑群。从木雕到石雕，从建筑结构到建筑模式，都彰显明清时期楼阁亭台、宫殿庙宇的建筑艺术风范。

来仙阁

　　最是天高云淡时，水碧山青，在蓝天白云的映照下，来仙阁翼角桥耸，愈发的灵秀。来仙阁位于东风镇麦穰村赵家庄南侧大塘河中的矾石

◆　远眺来仙阁

上，始建于明万历年间（1573—1620），时称"水月小亭"，清嘉庆十三年（1808年）改亭为阁。因当时此阁四面环水，远远看去，阁楼四周烟波浩渺、云雾缭绕，似有仙人踪影，故称"来仙阁"。清光绪三十四年（1908年），来仙阁毁于大火，后由乡人集资重建，仍称来仙阁。

资料回放

一水曲拖云，每波心桂艇撑来，竹外桃花桃外柳；

双峰高插汉，恰谷口茅庵结处，洞边塔影塔边桥。

——来仙阁阁门楹联

来仙阁坐东北向西南，整体建筑由阁、山门、禅房、廊、照壁等组成，建筑用地315平方米。阁的主体为三层三檐六面六角攒（cuán）尖顶阁楼，是明清两代江南常见的木质结构建筑。阁高24米，青石基座，圆甍（méng）筒瓦，雕花门楣。各层翼角桥耸，十八只翼角顶端饰有龙头鱼尾祥物，下坠铜铃木鱼，微风轻拂，叮咚作响，悦耳动听。阁楼地无窗，中上两层均为六面五开窗，中层有围栏围廊，供游人凭栏远眺。门楣均为雕花草纹，形态各异，工艺精湛。旧时，阁的上层供奉奎星①，中层供奉文昌②，下层供奉观音。阁门额悬挂着光绪三十四年（1908年）"来仙阁"的木匾。山门两侧有贵州著名书画家谢孝思先生重书的楹联"笛韵抑扬晴后蚓，琴声断续晚来蝉"。一楼墙上有彩色碎瓷镶嵌的"天高地迥，岳峙渊渟"旧题。抗战期间，著名地质学家李四光先生曾到此小憩，对阁楼的构造和所处的环境大加赞赏。

拓展悦读

文物古迹往往伴有神话传说。相传，来仙阁修竣，为方便游人玩赏，当地人修了一桥，名"来仙桥"。桥竣，欲请一名德高望重的人"踩桥"，众人正议论纷纷，难于定夺，此时，一位白发老人飘然而至，信步上桥，伫观良久，吟道："神仙能来到，自然过得了；只要来仙阁，不要来仙桥。"吟罢，河中突然掀起波涛，将来仙桥冲走，老人也冉冉升天而去。今天，人们根据这个神话传说，兴修了一座"仙灵桥"，通往来仙阁。

---

① 奎星：是二十八宿之一的西方白虎宫的七宿之首，是主宰天下文运的大吉星。

② 文昌：中国民间和道教尊奉的掌管士人功名禄位之神，古时认为是主持文运功名的星宿。

值得一提的是，来仙阁位于南明河下游，在南明河上游有贵阳人熟知的甲秀楼，一楼一阁，遥相呼应，为贵阳人民的母亲河增添了别样的情致。

1985年，贵州省人民政府将来仙阁列为第二批省级文物保护单位，并作为文物景点对外开放。1988年，政府遵循"修旧如旧"的原则，重修来仙阁，使其焕发昔日风采。

协天宫

◆ 协天宫正门

穿过东风镇热闹的大街，走进一处场坝，在其尽头，有一处别具一格的建筑。混合式的硬山顶青瓦屋面，上挑如飞鸟双翼的檐角，色调古朴，庄严肃穆，上书三个大字——"协天宫"。

协天宫，始建于明朝，距今已有五百多年的历史。它是一座道教的宫观，因供奉"协天护国忠义大帝"关羽而得名。观内同时还供奉道教的三官。因关羽又称武财神①，所以协天宫又叫"财神庙"。五百年间，协天宫数次遭受破坏，依旧屹立不倒，又经数次保护修缮，才得以幸存下来。协天宫于1991年被列为贵州省文物保护单位。

协天宫是一个独立封闭的四合院建筑群，建有大殿、戏楼、南北两层楼的厢房。大殿建在1.4米高的台基上，是一座硬山顶抬梁式建筑，中间的柱子不落地，使得室内空间格外宽敞。戏楼是两层楼歇山顶穿斗式建筑，屋脊、葫芦宝顶及四个翼角均有鳌鱼灰塑，梁上墨题"风调雨顺，国泰民安"。戏楼最特别之处在于它不分前后，面朝大殿，第二层有走廊连接两侧厢房，形成封闭的四合院。在四合院中央可以举办数百人参加的中型堂会。戏楼底层为通道，有大门通往场坝，两侧有石桌石凳供人小憩。在戏楼的另一侧，面朝乌当场坝，有活动的窗户，如遇大型祭祀、演出，卸下窗户就可

---

① 武财神：传说，关羽不仅可以降妖除魔、呼风唤雨，而且可以庇护商贾、招财进宝，故视他为武财神。

◆ ①戏楼大殿柱础石

◆ ②戏楼石雕白虎匾

◆ ③戏楼垂花

◆ ④戏楼斜撑

以面对广场而变成前台，这种两面都能演出的戏楼在国内很少见，形成了贵州独特的戏楼建筑艺术。

　　屹立了五百余载的协天宫，穿越历史而来，见证了贵阳的风云变幻。抗日战争时期，敌机轰炸贵阳，贵阳中学（今贵阳一中）疏散到乌当办学。在地下党的领导下，师生们在协天宫开办扫盲夜校，表演歌舞话剧，宣传救亡图存的思想，激发了民众的抗日救国热情。如今，协天宫作为东风镇文化

◆ 协天宫戏楼

活动中心对外开放。历经风雨，协天宫仍然安静地立于乌当一隅，默默地伴随着乌当的沧桑巨变，也必将见证其未来的辉煌。

川主庙

在下坝村宋二寨，有一座被支架撑着的庙宇，这便是川主庙。他像一位饱经风霜的老人，期盼着我们的注目。

川主庙，又称"川祖庙"，始建于康熙四十三年（1704年）。由石山门、大佛殿、观音殿、川主殿以及配殿等建筑组成。这三殿为不同时间修建，前后相差百余年。走近川主庙，迎面是一道古旧的石山门，上书"阆苑①名区"四个大字。

川主庙最为人称道的，是其古建筑艺术。川主殿为单层硬山顶木结构建筑，构架为抬梁式和穿斗式，坐西北向东南，面阔五间，进深三间。在川主殿门前，一对已长满斑驳青苔的石雕格外引人注目。远看以为是一对蛤蟆，近看才知是一对端坐着的狮子，仿佛两个威武的门神，忠诚地履行着

---

① 阆苑：传说中神仙居住的地方。

自己的职责。这可是川主庙的"镇庙"之宝。它们个头不大，小巧玲珑，酷似两只蛤蟆，蹲守于门外。分别为"戏球狮"和"母子狮"。底座浮雕"卐"（wàn）纹，既有佛教标志，又有道教符号，更有世俗社会崇尚的"福禄寿禧"等吉祥物，具有丰富的文化内涵。

川主庙的明间①有六抹头隔扇门四扇，正中为万字格对开团花门；次间为四抹头对开隔扇门。额枋上都有深

◆ 雕刻精美的石狮

浮雕人物山水图案，外墙以彩画装饰。大佛殿与观音殿在同一中轴线上，南侧有配殿相连。大佛殿面阔五间，进深三间；观音殿面阔三间，进深三间，均为硬山顶木结构建筑。因为这三个大殿是不同时期修建，而且道佛融合，布局和结构上与一般佛寺、道观均不同，颇有建筑特色。光绪二十年（1894年），时任云南矿务大臣的唐炯挥毫泼墨，为川主殿题写了行书抱柱楹联"大士降慈悲，从补横山头，婆心普洒杨枝露；菩萨观自在，向竹王城畔，

◆ 川主庙大门

① 明间：建筑正中一间。

妙手频翻贝叶风"。这副笔力遒劲、如行云流水的楹联墨宝，也成了川主庙不可多得的镇寺之宝。

2003年，川主庙被贵阳市人民政府公布为第五批市级文物保护单位。政府随后对川主庙进行了初步的保护，并派专人进行了管理。如今，当地群众也积极加入到文物保护的队伍中来，他们用砖块砌起了围墙，每天还打扫庭院。我们相信，有朝一日，川主庙会重新焕发新的风采。

拓展悦读

　　川主庙，顾名思义，是为祭祀川主修建的。所谓川主，指秦朝蜀守李冰，李冰修建了举世闻名的都江堰，灌溉了成都平原万亩良田。后人为纪念李冰的伟大功绩，奉其为灌口神，建祠拜祀。移入贵阳地区的四川人很多，他们以"乡土之链"结成会馆，会馆中供奉"川主"。

课后活动

　　请实地探访乌当区古建筑，写一篇文物保护建议或鉴赏一件建筑艺术作品。

第 14 课　重文崇礼的历史印迹

古语有云："重文崇礼，涵情养性；厚德向善，为己成人。"传承中国优秀传统文化，是我们每个华夏儿女的共同责任。在山清水秀的乌当，也有着重文崇礼的优良传统。其中，历史遗迹惜字塔、北衙私塾就是其中的典型代表。

惜字塔

在乌当这片土地上，最能激起乌当人的人文情怀，增强文化自信者，要数这外观朴实的惜字塔。此塔至今已有约160年的历史。

惜字塔，位于东风镇至鱼洞峡、情人谷的分岔路口。旧称"字库"，又称"白塔"。据《贵阳市乌当区地名志》记载：字库，塔。明朝末年乡绅申百万于此建庙。后庙焚于大火，村民用原庙基石建塔，塔上书"过化存神"四字。为读书

◆ 惜字塔

人焚化废字纸的地方。惜字塔在2000年被列为乌当区文物保护单位。2015年9月被列为贵阳市文物保护单位。

　　据《乌当区史志概要》和乌当文物管理所资料记载：该塔始建于清道光年间（1821—1850），1941年重修。坐东向西，通高10米，占地6.4平方米，为六面六角攒尖顶五层砖石结构空心塔。塔基石砌，平面呈六边形。塔身第一层为青石砌筑，第二、三、四、五层为青砖砌筑，每层每面均有空孔，作投放废纸入塔焚化及排烟雾之用。第三层塔身前两方刻石上竖向楷书阴刻"字库铭"。其余四面分别镌"过""化""存""神"四个大字。

　　为什么要修建惜字塔呢？这与乌当的历史有关。贵州少数民族众多，开发较晚，文化发展缓慢。明初，明太祖朱元璋曾派30万大军途经贵州征伐云南，为了巩固对贵州的治理，朝廷命胜利之师就地屯田，也为贵州带来了先进的汉文化。明永乐十一年（1413年），明朝政府正式在贵州建省，大批汉人入黔，文化得到重视和发展，也带来了江南的重文崇礼传统，在各地广修惜字塔。

　　乌当惜字塔是我们乌当人重视文化，珍惜文字，不可多得的历史见证。古人认为文字是神圣和崇高的，写在纸上的文字，不能随意亵渎。即使是废弃字纸，也必须诚心敬意地烧掉。惜字塔，是古人"敬惜字纸"理念的体现之一。在这个小小的建筑上，折射出中华民族重文崇礼的印迹。

拓展悦读

　　在开阳县龙岗镇布依族聚居的大荆村，有一座保存完好的清代惜字塔，与该塔同时被发现的还有当地布依族士绅所建的大荆私塾遗址。在布依族地区，私塾和惜字塔十分罕见，是布依族文化与汉文化交融的见证。

　　在贵州镇远县大地乡集镇下街后侧不远处，尚存一座始建于清乾隆年间的惜字塔。塔身第二层两侧阴刻一副对联：零星收碎字，累月焚洪炉。至今保存完好，其做工精致，造型古朴，结构严谨，成为当地一景。

北衙私塾

　　北衙私塾位于乌当区北衙村（今属新天社区），是一所家族私塾。私塾坐南向北，占地127平方米，原为两层砖木结构楼房，共有书房5间，毁于20世纪50年代，现遗址上为新建民宅。北边10米处残存老石寨门一座（即北衙门遗址），并有《"崇礼明教·北衙修学房记"碑》（至今保存完好），碑文用楷书字体记载了修建私塾的经过和目的。

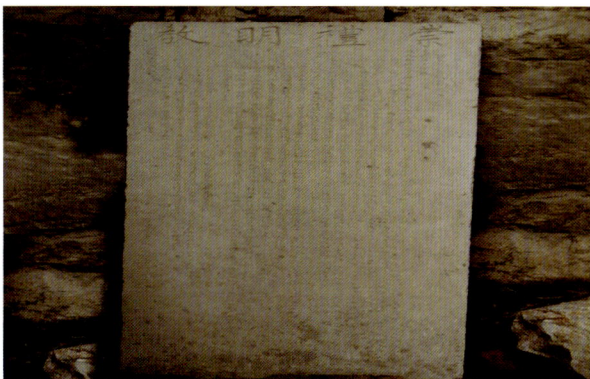

◆ 崇礼明教碑

原私塾最早由高廷瑶邀族人筹资而建。道光二年（1822年）冬天，高廷瑶先生邀集族中诸公共同商议，筹备经费，选择校址，于次年一月在北衙村修建书房五间。此后高廷瑶作《北衙修学房记》，为书房建章立制，内容刻石碑立于书房。道光十九年（1839年）十一月，高廷瑶先生去世十年后，其子高以廉曾重刊石碑，使相关内容得以进一步充实完善。

拓展悦读

私塾产生于春秋时期，是私学的一种，是我国古代社会一种开设于家庭、宗族或乡村内部的民间幼儿教育机构。以经费来源区分，划分为家塾、村塾（族塾、宗塾）和门馆（教馆、学馆、书屋）。学生入学年龄不限，自五六岁至二十岁左右的都有，其中以十二三岁以下的居多，少则一两人，多则可达三四十人。私塾上千年来延绵不衰，作为人才培养的摇篮，它与官学相辅相成、并驾齐驱，共同为传递中华传统文化培养人才，勤苦耕耘，不懈奋斗，做出了不可磨灭的贡献。

书院，是东亚古代教育制度有别于官学的另一种教育系统，是唐宋至明清出现的一种独立的教育机构，是私人或官府所设的聚徒讲授、研究学问的场所。

在清朝道光年间，贵阳教育在全国仍然是非常落后的。高廷瑶作为一名北衙人，深感本地教育的落后，希望通过建此私塾，不论出身，不论贫富，不论姓氏，使当地的青少年都可接受教育，以儒家思想教化百姓，推动当地教育发展，培养品学兼优之人才。其办学精神在《北衙修学房记》中表述得十分清楚，"自兹以往，童蒙之肄业有所，誉髦之成就，可期士乐诗书，民安耕凿。一乡之中，父慈子孝，兄友弟恭。出作入息，彬彬儒雅，猗兴盛哉！将见人文蔚起，善事日增。更扩而大之，立北衙书院，广育人才"。而办学经费，则取之于民，用之于民。修学堂余下的五十石，存放于仓库，"青黄不接时，以贷同寨之贫乏者"，不使学生因贫穷，交不齐学费而失学。高廷瑶还为办乡学"自捐银四百余金"，用于买地。以每年的收成开支先生及各种杂费。

私塾的管理，以"严"字当头。首先，管理者遴选于北衙村，须有丰富的管理经验。他们每年均要清查账务，办理交接手续，一有亏损就要加倍处罚。其次，聘请教师亦从严。每年十月二十日聘请教师，须为品学兼优之人，由全村寨共同选举，不得因私选取。再次，作为教书育人之地，必须保持整洁、肃穆。村寨的事情不得在私塾商讨，不准闲人居住，更不得酗酒、赌博。私塾器物，不得私自借出。

在"重视文化""尊师重教"，提高整个中华民族文化素质、振兴中华的今天，高廷瑶崇礼明教的许多观点和方法，仍然有不少地方是可供学习和借鉴的。而他所筹资修建的北衙私塾，也是迄今为止，乌当区境内发现的最早有碑记的私塾遗址，为研究乌当区早期私塾教育提供了实物依据。

课 后 活 动

请查阅资料，做一次有关中国古代四大书院的展示交流。

第 15 课　乌当古桥

时光在变，河水在流，不变的是南明河上的这座古桥。它是贵阳市保存完好的最古老的石拱桥。它是哪座桥呢？让我们一起来探访吧！

乌当桥

乌当桥位于新庄村，又称洪济桥。乌当桥为九孔石孔平桥，长73米，宽6.2米，高6.5米，曾为乌当区东西交通的要道，外形美观，桥面宽敞实用。它是贵阳市保存完好的最古老的石拱桥。其特点主要是：古老、排洪、实用、美观。

乌当桥的古老，可以追溯到五百年前的明朝。明成化年间（1465—1487），乌当桥由宣慰司舍人①宋辂（lù）修建。清道光年间（1821—1850），该桥曾被洪水冲垮两孔，当地民众集资将其修复。据《贵阳市志·文物志》记载，与其同时期建的济番桥（花溪桥）已于1957年坍塌；而明万历二十六年（1598年）建的九孔石拱桥甲秀楼的浮玉桥，现也仅存七孔。相比之下，乌当桥可以算是被保护得最完好的一位"老人"了。

资料回放

乌当桥在治城十五里，明成化年间，宣慰司舍人宋辂建，长二十余丈。

——《贵阳通志》

---

① 舍人：指古代豪门贵族的门客。

　　乌当桥今天仍巍然屹立，足见其建筑艺术之精湛。乌当桥选址合适，因地制宜，建在地势较高处，大桥河谷处海拔1005米，比南明河中游的贵阳城低66米，遇洪水能从桥孔排流。建桥石料系大青石，呈弧形结构的九孔桥，每孔跨度8.12米，减少洪水对桥的冲击，乌当桥五百多年来历经洪水冲击的考验，至今桥型仍稳固雄伟。

　　历史的滚滚车轮，数百年来从乌当桥上辗过，足以见证其实用价值。这座明代修筑的石拱桥，承载了古代人走、马驮、牛拉车，也方便了近代马车、汽车的畅行。

　　乌当桥的美观也是值得称道的。乌当桥是架在南明河下游便于通行的石拱桥，地处丘山弯地带，河流两岸是贵阳环城林带。桥下自西南向东北方向的南明河流水，在约300米处急转流向西北面，形成自然的"宝瓶口"，河流平稳，这座奇特壮丽的古桥倚山跨水，融入环境之中，与附近的明代古建筑来仙阁、惜字塔等相映成趣，形成了古建筑群景观。

　　1997年，乌当桥被贵阳市人民政府公布为第四批市级文物保护单位。2010年，贵州省乌当公路段对该桥进行了加固修缮，在护栏上饰以贵州各民族风情浮雕。虽然随着经济的发展，乌当桥的上下游百米处已建起两座现代化的大桥，飞架南明河，使人们的生产生活更加便捷，但我们永远不会忘记，它是贵阳市南明河畔保存完好的最古老的石拱桥，也为区域的发展做出

◆ 乌当桥

了巨大贡献。这座古桥，屹立在这里已经有五百多年的历史，五百多年的风吹浪打，滚滚波涛，却怎么也洗不去历史的记忆。如今，乌当桥仍像一位精神矍铄的老人，屹立于南明河上，注视着乌当的昨天、今天和明天……

普渡桥

在下坝村，到达"天籁普渡"牌坊后，继续沿着蜿蜒的公路前行，步行约1千米，眼前便豁然开朗，一湾绿水从山谷中流出。河的上游称相思河，下游称普渡河。普渡河风光优美，高山深谷，两岸青山对出，修竹茂林。河上东西向横跨两座桥，一高一低，一新一旧。

◆ 普渡桥

旧的那座便是普渡古桥。她像一位沉睡的美人，静静地躺在这深山密林中，河水流经普渡河汇入南明河。桥两端的山头上，各建一座普渡庙（又名"二郎庙"），以镇河水，故普渡桥又称二郎桥。

拓展悦读

据传，普渡河上本没有桥，当地的布依族人民建了很多次桥，但由于地势陡险、河水湍急，都没有修成功。有一年春天，一条巨大的乌龙趁龙王出游时外出游玩，来到普渡河，忘乎所以地在相思河与普渡峡谷间来回嬉戏，使普渡河河水猛涨，河两岸都被淹毁，人们正面临着危难。这时布依寨里一位勇敢的小伙挺身而出，为挽救生灵，与乌龙作生死博斗，斗了七七四十九日，这一情景被天上的玉皇大帝看到了，他深受感动，于是命二郎神搬了瑶池里的一段桥，架到普渡河上，才降住了乌龙，河水渐渐退去。为了使乌龙不再来，人们在桥两边的山头上分别修一座二郎庙以纪念二郎神。同时，为了感谢上天，就称这座桥为"普渡桥"，意为上天为普救众生而搭之桥，附近的布依寨也因此取名为"普渡寨"。

◆ 普渡桥望柱

普渡桥始建于清嘉庆十九年（1815年），它是一座实肩式青石单拱平桥，桥长24米，宽7米，桥孔高17米。桥的一端建在半山的岩石上，另一端的桥墩建在河床中。这座古桥不仅历史悠久，而且桥上的设计极具艺术特色。桥两侧护栏为9对望柱。望柱顶端雕刻着形态各异的石雕，分别为田螺、官帽、佛钵、鼓、寿桃、猴头、南瓜、顶子、灯笼。造型生动风格别致，惟妙惟肖，蕴含了当地村民对长寿长乐、多子多福、封官晋爵等美好愿望。这种桥梁造型堪称中国古代石拱桥难得的杰作，在贵州省十分罕见，具有较高的文物价值。2003年，普渡桥被列为贵阳市市级文物保护单位。

桥头立有石碑四块，其中一块为"普渡桥落成志喜碑"，内容为清代文人为庆贺普渡桥落成题写的古诗14首。另三块为宣统年间维修普渡桥捐资补桥明细，额刻"为善最乐"四字，可见捐资建桥在古人眼里是件功德无量的好事。

资料回放

隔断江流路未通，悬崖壁立长荆丛。
扫开烟坞填乌鹊，凿破云溪架彩虹。
上下天光明镜里，去来人迹晓霜中。
凭他晴雨无留滞，不朽宁徒颂禹功。

——普渡桥诗选

普渡桥修建之初，目的是作为连接贵阳通往开阳、龙里等地的通道。如今还可见几千米古道石板，被磨得十分光滑，在那竹林深处延伸出去，风景清幽，倒显得这山间驿道古韵幽幽。如今，由于新桥的修建，古桥已经完成了它的历史使命。今天，我们只能从这桥、这石碑、这驿道、这峡谷，回味它昨天的故事了。

黄平县"三朝桥"

三朝桥位于贵州省黄平县重安镇重安江畔，有著名的"中国桥梁博物馆"之称。三朝桥横跨在重安江面上，彼此之间的距离不到50米，由于它们分别建于三个不同的历史时期，故称"三朝桥"。南边是一座铁索桥，它修建于清朝同治十二年（1873年），距今已有130多年

◆ 三朝桥

的历史。中间的桥是抗战时期修建的石墩钢梁结构公路桥，始建于1938年，设计者是中国著名桥梁专家茅以升。第三座桥为曲拱桥，钢筋混凝土结构，1995年建成通车。三座不同朝代的桥平行横贯于重安江面，见证了社会的不断发展，也显示了劳动人民的勤劳与中国桥梁建筑艺术的智慧。

课后活动

请收集贵州的桥梁（古今均可），用废旧环保材料动手制作桥梁模型，并进行展示交流。

第 16 课　烽火岁月的记忆

　　在乌当这片享有"黔中秘境"之誉的土地上，曾经留下过中国工农红军英勇战斗的足迹，曾经写下过革命志士开展抗日救亡活动的篇章，曾经发出过埋葬蒋家王朝的呐喊，这些，都值得我们永远缅怀。

百宜红军烈士陵园

　　百宜红军烈士陵园，距离百宜镇政府约1千米，占地面积10104平方米，北面为林区，最高处建有纪念碑及悼念广场，南面为管理用房及集散广场。

◆ 百宜红军烈士陵园

"红军不怕远征难，万水千山只等闲。"1935年4月5日，长征途中，经过乌当的红军主力右路军，由百宜拐九至龙里，驻扎百宜期间，与国民党中央军吴奇伟纵队梁华盛师的三个团相遇。为掩护红军主力抢渡南明河下游的宋家渡和河尾巴，进入龙里县境内，甩掉敌军的围追堵截，实现战略转移，红军采取"边打边卫"的战术，与敌军展开了长达6个多小时的激战。

在"百宜战斗"中，国民党中央军与红军双方参战官兵数千人，敌军动用飞机轰炸，用大炮、机关枪袭击红军，红军用步枪、机关枪英勇还击，边打边撤，战区范围约10平方千米。战区弹雨横飞，多处山头撒满了子弹壳。据百宜拐比村布依族老人王廷志回忆：当时他还是一个不懂事的孩子，红军与国民党中央军在拐比村的青杠山一带展开战斗；战斗快结束的时候，他和几个小伙伴跑到山上去捡子弹壳，一个伙伴的屁股上还挨了国民党中央军的一枪；晚上，村子前边的水碾坊里住满了红军的伤病员。

据当地老人回忆，红军进入百宜境内已是晚上，为了不惊动百姓，他们就在村边或百姓的屋檐下面宿营。第二天，红军还采用书写大幅标语等方式向百姓宣传革命道理，主动与留在家里的老人交谈，为老人担水、扫地、劈柴等，人们认识到红军是穷人的军队，于是很多当地人纷纷为红军带路，给红军送柴禾和粮食等。

张文英老人将受伤掉队的红军战士钟士洪先藏在自家楼上，然后又将他送到拐九大河边的山洞里，为他送了半个月的菜饭的感人故事，至今在百宜传为佳话。

"百宜战斗"结束后，红军和国民党中央军撤离百宜，当地贫苦农民怀着悲痛的心情，冒着生命危险，将战斗中壮烈牺牲的红军烈士遗体就地掩埋。1973年3月，中共百宜公社委员会将当年分别埋葬在拐比村青杠坡和百宜盐行街后的红军烈士的遗骨，迁葬于百宜街后山的石关井，1984年10月，百宜红军坟被列为乌当区重点文物保护单位。1994年清明节，中共百宜乡委员会、百宜乡人民政府，再一次将红军坟迁葬于地势开阔、风景秀丽的石牛山上，由过去的土墓修建成石墓，作为该乡"爱国主义教育基地"。2007年，由乌当区民政局承办修建的百宜红军烈士陵园竣工，红军坟迁至今烈士陵园内。2015年被列为贵阳市十个爱国主义教育基地之一。

羊昌黄连抗日标语

◆ 古树晨曦

羊昌镇黄连村，是一个掩映在群山峻岭、苍松翠柏中的布依村寨。这里有100余米落差的落水潭瀑布，有千年古银杏树，有翠柏、沙棠、枫树、青杠组成的数百年甚至上千年的古树群，还有青瓦木楼处处凸现布依民居风格的农家小院；这里还是1940年中共地下组织建立的中共旧址所在地，至今还留有他们当时书写的"还我河山"标语。

◆ 黄连抗日标语

在战火纷飞的1940年7月，中共思南县地下党支部遭国民党破坏，在敌人穷追不舍的紧急情况下，贵州省工委安排中共地下党员邵冠群（又名邵纯）、肖世平、戴志纯转移到羊昌镇黄连村黄连小学，他们以教员的身份作掩护，隐蔽下来。之后，即建立了中共贵阳黄连临时第一党支部，他们一边教书，教学生唱抗日歌曲，组织学生阅读进步书籍；一边组织进步青年教师、青少年学生开展抗日宣传活动，他们利用晚上的时间走村串寨，宣传党的方针政策、宣传抗日战争形势等。一时间，《国际歌》《义勇军进行曲》和抗日救国的革命歌声响彻村里村外；黄连村举行了"抗日寇，反内战"火炬游行活动；进步书刊、革命言论、行动纲领，很快进入寻常百姓家……

1941年春，地下党支部在学校的岩壁上写下了两条激励人心的大标语。一条为"当兵去打日本鬼子"，由于这条标语写在较低的石壁上，经多年风雨侵袭，加之人为触摸，字迹已很模糊。另一条"还我河山"四个大字，每字约一平方米，百米之外就能看见，因写在悬崖绝壁之上，故较好地保存了下来。新中国成立后，黄连村村民在原字迹上用红土描填，使之更加清晰。

1941年5月，临时党支部引起了国民党当局警惕，邵冠群被反动当局撤销了黄连小学校长职务。为免遭反动派迫害，邵冠群等人被迫离开，黄连临时党支部停止了活动。

铭记历史，离不开那些唤起我们记忆的遗迹。黄连村的深山峡谷中，至今仍留存当年抗击日军的标语，它们是这片土地抗击侵略、抵御外辱的历史见证，成为最珍贵的实物史料。抗日标语"还我河山"，历经64年的风雨，不仅没有淡去，反而更加清晰，它见证了共产党人追求真理、救亡图存的爱国壮举，更见证了当地百姓对中国共产党的拥戴之情。

金芳云烈士墓

在东风镇云锦村小龙井组，新添寨至原贵州牧校公路右侧38米处，有一处被列为市级文物保护单位的墓地。墓地由碎石堆砌，直径约4米，坐北朝南，上刻有"金芳云烈士墓"六个大字。

金芳云，女，汉族，生于1928年9月30日，东风镇云锦村人，牺牲于1949年11月11日（即国民党贵州反动当局逃离贵阳前夕），时年21岁。

金芳云出生在一个比较富裕的家庭，先入小龙井小学初小，后入洛湾

◆ 金芳云烈士墓

小学读高小一年。1942年，跳级进入贵筑中学。1944年，考入贵州省立女子师范学校学习。1947年从女子师范学校毕业后，金芳云在贵阳实验小学任教。

金芳云就读中学期间，得以接触更为广泛的社会现实。自鸦片战争以来，中国遭受到的种种屈辱，签订的各种不平等条约；自日寇侵华以来，国家遭受到前所未有的灾难；中国共产党领导的救国运动，为解放大多数受压迫的劳苦大众所作的努力和付出的牺牲，激发了她的爱国热情，更坚定了她奋发读书、励志图强的决心。在贵州省立女子师范就读期间，她真正接触到党的组织，并在组织的安排下，参与了营救革命同学安全转移的任务。抗战胜利后，她又被安排在贵阳从事反对国民党当局的各种宣传活动。

1948年，金芳云在贵阳负责与从事农村武装暴动的同志进行联络，与贵州省工委书记张立直接联系。在地下党设于猪头巷（今复兴巷）的联络站"神仙洞"中，金芳云一直工作到1949年3月为止。7月9日，金芳云与其他同志被敌人抓捕，并被投入贵阳中山公园监狱。11月11日，金芳云英勇牺牲。

金芳云牺牲的第四天，贵阳解放了。1949年底，贵州省立女子师范学校举行了金芳云烈士追悼会。中共贵州省工委原书记张立在回忆金芳云烈士时，非常感慨而又沉痛地说："金芳云是个好同志，是个好团员，是个好姑娘，是党的好儿女，可惜牺牲了！"金芳云把她的聪明才智和宝贵青春无私地奉献给了党，奉献给了革命，奉献给了贵州人民的解放事业，她不愧为贵阳人民的优秀儿女!

在狱中,金芳云同志虽遭受种种酷刑折磨,依然坚贞不屈。新中国成立后,贵阳市政府妥善掩埋了金芳云的遗体,后又由她的亲属将遗体迁到今天的小龙井。烈士的英魂,凝视着她生长的故土,也激励着我们不断向前、向前……

偏坡烈士墓群

在偏坡布依族乡偏坡村公墓内,有5座烈士墓。墓的主人为刘邓大军五兵团的5位战士:姚明礼、杜锡明、李仁福、杨培发、李元青。5位烈士的英魂为何会埋葬于此?这得从贵阳的解放战争说起。

1949年10月1日,开国大典在北京天安门举行。毛主席宣告"中华人民共和国今天成立了"!

◆ 偏坡烈士墓群

这标志着中国人民从此站起来了。然而在离天安门2000多千米的西南方向,贵州贵阳尚未解放。直到1949年10月23日,刘邓大军下达《进军川黔的作战命令》,要求第五兵团于11月15日前攻占贵阳。11月1日,解放军在川湘鄂边和黔东同时发起攻势,迅速突破国民党军队的防御,到11月15日,第五兵团几乎兵不血刃就解放了贵阳。然而和解放全国大多数城市的情况不同,更残酷的军事斗争发生在贵阳新生政权成立后的一段时期。贵州本是国民党统治的大后方,特务、封建会道门①、保甲组织遍布各地,加之解放时间较晚,从全国各地逃来不少国民党的人员,这些人聚集转化成匪,控制着全省近半数县城和大部分乡村。这5位战士就是在执行剿匪侦查任务中,与数倍于我军的土匪遭遇。战士们英勇战斗,终因子弹耗尽,五战士伤残被俘,英勇不屈,惨遭杀害,后由本排全体战士以及村民将他们安葬

---

① 封建会道门:指以宗教异端信仰为纽带的民间秘密结社,因多以教、会、道、门取名而简称"会道门"。

于此。

五烈士墓原为土墓，2006年，偏坡布依族乡人民政府用水泥瓷砖把它们围砌成长方形墓，并重新树碑纪念。墓群现已成为爱国主义教育基地。正是因为革命烈士的鲜血，才有了今日偏坡乡布依人民的幸福生活。而偏坡人民也没有辜负烈士们的英魂，正用他们勤劳的双手建设着美好的家园。

课　后　活　动

清明时节，请到烈士陵园扫墓，缅怀革命先烈！

风土民俗

乌当，人文资源丰富，民族风情古朴，特别是民族民间文化资源缤纷异彩、特色鲜明。下坝苗族花棍舞、新场小尧苗族花鼓舞、可龙布依红灯戏、东风文琴坐唱、偏坡布依刺绣、渡寨簸箕画、香纸沟古法造纸术、羊昌黄连农民书法等民俗民间文化，犹如一颗颗璀璨的珍珠镶嵌在乌当的村寨院落。

第 17 课　传统技艺

　　都说乌当山美水美、风景如画，其实在乌当这片热土上，比山水更美的是千百年来勤劳朴实的劳动人民，以及他们对美好生活的无限热爱。让我们一起走近新堡香纸沟、卡堡苗寨、布依人家，了解其中精湛的传统技艺吧！

香纸沟土法造纸制作技艺

　　造纸术是中国古代四大发明之一。从东汉年间蔡伦改进造纸术后，造纸术就一直在民间流传。

　　在风景如画的香纸沟，我们不仅可以感受自然风光之美，还能参观古代的造纸作坊，体验源于古代的造纸技艺。

　　香纸沟土法造纸制作技艺（又称"皮纸制作技艺"）历史悠久。600多年前，在朱元璋"调北征南"时，由湖南的侯爷越国汪公率领一支军队进入贵州，屯驻香纸沟南静山。此地山高谷深，群山之间有一条蜿蜒狭长的河谷，河水清澈，两岸竹林尤为茂密，延绵十余里不绝。当时，交通不便，商贸不兴，祭祀军中阵亡将士所需的物资采购不易。于是，士兵及随军家属就运用家乡湖南的造纸工艺，在香纸沟建造纸作坊，

◆ 香纸沟——国家级非物质文化遗产保护名录，土法造纸子遗地

就地取材伐竹造纸，制作祭品。为了不忘自己是湘人的后代，故将此地取名为"湘子沟"。由于工艺技术生产的香纸远近闻名，又因"湘子"与"香纸"音似，后人就把"湘子沟"叫作"香纸沟"了。

香纸沟土法造纸制作，工艺复杂，整套流程需要72道工序。首先是伐竹、弃枝、裁竹、破竹、晾晒。晾干的竹条放入发酵池中，用生石灰密封发酵后，取出清洗滤干，放入石碾槽中碾碎，制成纸花。纸花放入纸槽中加清水搅拌，经过滤后，加入滑水打泡浆后，再注入少量清水"撮、刮、荡"上帘浆，形成纸片。纸片做好后，还要经过压榨、擀纸、晾纸、裁纸等工序，

香纸沟土法造纸制作技艺工序实景图

破竹、晾晒 → ① 碾压 → ② 抄纸 → ③ 压榨 → ④ 擀纸 → ⑤ 晾晒 → ⑥ 裁纸

香纸沟土法造纸制作技艺工序示意图

香纸才算制成。香纸沟制作的香纸纸质绵韧，纸面平整，色泽金黄，吸水性好，主要用于祭祀。

古时造纸艺人对整个造纸过程非常讲究。选取材料，必须是当地当年的"钓鱼竹"（即青竹），伐竹的时候要举行祭祀仪式。而伐竹的工具只能用柴刀，不能用篾刀，因为用柴刀伐竹有"发财"之意，而篾刀有"灭竹"之忌。

香纸沟土法造纸制作技艺和古法蔡伦造纸术完全一致，是保存至今的造纸术活化石。2006年香纸沟土法造纸制作技艺作为贵阳市仅有的两项国家级非物质文化遗产之一，被列入首批国家级非物质文化遗产保护名录。

卡堡苗族服饰制作技艺 ●

澳大利亚历史学家格迪斯有一个著名论断："世界上有两个苦难深重而又顽强不屈的民族，他们就是中国的苗人和分布于世界各地的犹太人。"其中中国的苗人所经历的世所罕见的迁徙，伴随了整部苗族的文明史，它被后人称为人类历史上的"最古长征"。如今在中国乃至世界的很多地方都有苗族后裔。

◆ 卡堡印苗服饰

聚居在自然风光优美、民俗民风浓郁的下坝卡堡的苗族也经历了生离死别的大迁徙，其间的艰难险阻，生死攸关，自不消说。令人难以想象的是，就在这前途渺茫、生死未卜的迁徙中，他们不仅冲出了困境，而且在这迁徙的过程中，以"印"为名的分支符号也不可遏制地发芽开花，创造了挺秀于民族之林的印苗服饰文化。

时光回溯到数千年前，一场残酷的厮杀搏斗后，卡堡苗族惨败。为躲避外族人的追杀，他们只得化整为零，被迫迁徙。想到即将离开，关山重重，生死难料，苗王满脸悲愤，心如刀绞。为了有朝一日相会聚首，并能一眼识别本族人，他毅然取出怀中大印，蘸上印泥，给自己的子民一一摁在背上。

卡堡苗族一路风尘，历尽千辛万苦，终于摆脱敌人的追杀，逃到了黑羊大箐（今天的贵阳境内）。为了能有一片栖风避雨的地方，他们与野兽殊死搏斗，用最原始的工具开荒种地，在黑羊大箐生存发展、繁衍生息。为纪念苗王和识别亲人，他们把苗王大印的图案绣在衣服的背上和袖筒上。后来，这种图案作为一种装饰代代相传。随着生产生活的发展，印苗刺绣内容愈发丰富，涉及劳动生产、美满生活、青年人的爱情婚姻等各个方面，体现了印苗对美好生活的向往。因此，印苗的刺绣不仅仅是他们历史的一种载体，更寄托了他们的美好情愫。

印苗服饰制作需要经过齐麻织布、淀染剪裁、刺绣缝合等多道工序完成。上衣为胯肩阔袖贯首服，用五颜六色的绣花线，在背上绣上四方印的图案，袖筒上绣上三角形图案，衣襟处缝上两条绣花飘带；下装用染好的老土布（一般为一丈五尺长）缝成百褶裙，上面染上漂亮的蜡染图案和花纹，再加上同样画有图案或绣有花纹的围腰和飘带；腿部用五寸宽、一丈五尺长的老土布作绑腿，将绑腿绑在小腿上后，再用一条绣有花纹的白带子拴上；头上为代代相传的发辫大包头。

◆ 卡堡印苗服饰上装

◆ 卡堡印苗服饰下装

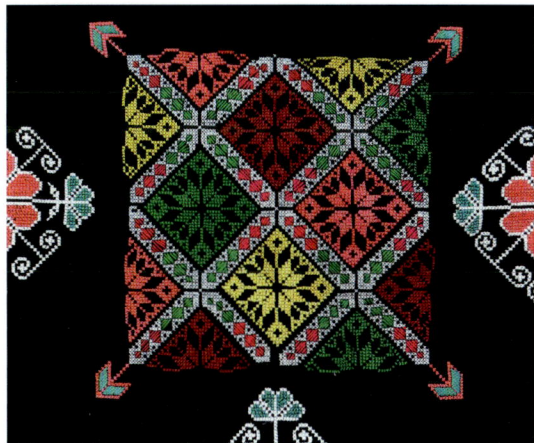

◆ 刺绣四印图

　　精美的卡堡印苗刺绣内容丰富，色泽鲜艳。年轻姑娘上衣的图案颜色多以红、黄、橙为主，年长妇女上衣的图案颜色多以蓝色、青色为主。这些刺绣图形多以方形、菱形、十字形为主，图案种类丰富，有蝴蝶、龙凤、四角花、八角花等，绣法有上百种。印苗刺绣的用途广泛，除服饰外，还有围裙、香包、手帕等。卡堡印苗服饰制作技艺于2007年被列为贵州省第二批省级非物质文化遗产代表作名录。

　　苗族没有文字，印苗也一样没有文字。印苗服饰的原料加工、制作技艺，主要靠口口相传，言传身教，他们用勤劳和智慧，把辉煌灿烂的民族文化绣在了服饰上，铸就了一部流传久远、厚重隽永的民族史诗。

偏坡布依族服饰制作技艺

　　一个民族的文化，能够生生不息、代代相传，总有一些独特的文化符号是亘古不变的。而对布依民族来说，文化符号的最佳载体就是服饰。透过布依服饰，我们能够聆听到这个民族遥远的回声……

◆ 布依人家正在刺绣

在这里我们不仅能品尝到布依人家酿制的美酒，还能领略布依人家精湛的服饰制作技艺。布依族服饰制作需经过齐麻织布、淀染裁剪、刺绣缝合多个环节，以宽裤腿阔衣袖为典型特征。其中刺绣是布依族妇女最为擅长的传统工艺。布依服饰制作技艺，于2007年被列入贵州省第二批省级非物质文化遗产代表作名录。

布依族刺绣以土布、硬缎、交织软缎为绣面，先将绣面贴上剪纸或绘上纹样，再飞针引线，丰满图案。技法多样，分挽绣、平绣、贴布绣、直针绣、数纱绣、缠线绣、辫绣、马尾绣等，其中挽绣、平绣、直针绣最为常见。有时候，一件绣品也综合多种刺绣技法。

布依族的绣品，种类众多，有绣花鞋、帐沿、枕套、围腰、花边、背带、背扇、花帽、包肚、口水兜等。在众多的绣品中，背扇被看得格外重要，因其凝结着深厚博大的母爱，所以对图案的选择与构思都颇费心思。

布依族服饰面料多为自织自染的土布，有白土布，也有色织布。色织布多为格子、条纹、梅花、辣椒花、鱼刺等图案，多达两百多种。服饰色彩多以青蓝色为底，配上红、黄、蓝、白等多色花纹，既庄重大方，又新颖别致，反映了布依族人民纯朴善良、温和热情的性格。

在偏坡，布依男女的服饰比较喜欢用蓝、青、黑、白等土布来缝制，青壮年多穿对襟短衣和长裤，老年人多穿黑色大襟短衣或长衫，

◆ 布依刺绣绣品

◆ 布依族服装

妇女着蓝、青、黑、白颜色布料缝制，身宽袖大的对襟短衫，外饰方牌挑花围腰，下身着阔腿长裤，用蓝黑布包头，脚穿翘鼻绣花鞋。整套服饰的领口、肩上以及围腰、腰带、裤边均有精美、典雅的刺绣。幼童头戴虎头帽，帽檐镶有形状各异的银饰12个或"荣、华、富、贵"银饰，腰系绣花包肚，颈戴绣花口水兜。

　　简约古朴、秀丽素雅的布依族服饰独树一帜，自成一格，不仅凝聚了布依族人民智慧的精华，还反映了其生活习俗和信仰。在布依"三月三""六月六"传统节日中，布依服饰总是一道亮丽的风景线。

穿在身上的史书和图腾

◆ 苗族刺绣

由于贵州一些少数民族没有自己的文字，关于本民族的历史和记忆，就依靠女子手中的线与布为载体，绣染成各种特定的图案，化成一种文化符号穿在身上，世代相传。其中苗族刺绣具

◆ 苗族刺绣蝴蝶图案

◆ 苗族百鸟衣

有强烈的表意功能，被誉为"穿在身上的史书和图腾"。

如黔东南苗族"百鸟衣"色彩艳丽，图案古朴奇特，工艺精湛（由苗族土布、各色锦缎丝绸和美丽的鸟类羽毛拼合而成，上面绣有花、鸟、鱼、虫、蝴蝶等生命图腾）、款式繁多，是苗族在节日等重要时刻穿的珍贵盛装，反映了苗族人民精巧的刺绣工艺和独特的审美情趣。"百鸟衣"被誉为"穿在身上的苗族史诗"，已被列为贵州省第二批非物质文化遗产保护名录。

课后活动

请拟写一份传承传统技艺的倡议书，并开展一次户外宣传活动。

第 18 课　传统舞蹈

在乌当这片土地上，自古以来各族人民就与山水为邻，与歌舞为伴，不论是节日庆典还是婚丧嫁娶，都少不了他们载歌载舞的身影。其中小尧花鼓舞和卡堡花棍舞就以其独特的魅力蜚声海内外。

小尧花鼓舞

◆ 小尧花鼓舞

苗族是一个热爱歌舞的民族。他们的每一种舞蹈，都有一个不同寻常的传说。小尧花鼓舞也不例外。

小尧苗寨位于新场"牛鼻水"峡谷风景区。相传古代，苗家在躲避战乱逃亡迁移的过程中，有一位德高望重的老人失足跌落山谷，卡在了一棵高大的树杈上，当场死亡，遗体无法取回，为了不让飞禽走兽叼食遗体，族人们想出了一个好办法。那就是日夜不停地敲木盆、吹响竹器，直到老人的遗体在自然风化中消失为止。因老人遇难的时间是农历的四月初八，所以每到这一天，族人都以这种方式祭祖。随着时间的推移，今天木盆被花鼓代替，竹筒被芦笙代替，用兽皮缝制的毛皮衣被刺绣的花衣代替。经过苗家人代代传承，就逐渐演变成今天的小尧苗家人最喜爱的花鼓舞了。

小尧花鼓舞是小尧苗家人祭祀祖先的一种仪式，传承至今已有百余年的历史。其舞蹈动作难度大，表演者必须具备一定的音乐知识及舞蹈技巧，至今从不外传，目前还没有在其他地方流传。

小尧花鼓舞在百余年的传承中也经历了不断发展创新的过程。在年复一年的劳作中，小尧苗家人模仿飞禽走兽及各种动物的姿态动作，创作出独具特色的"鸡公啄米""鸳鸯伸腿""肩荷担""美女梳头""穿衣整容""烧茶煮饭""巧媳织锦""桃花绣朵""铺床理被""舂碓推磨"等变化多端的鼓舞动作。

今天，小尧花鼓舞已将过去苗族人游方、飞歌、踩芦笙、踩木鼓（即

◆ 小尧花鼓舞

花鼓）升华、演变为以手、腕、肩、胯、腰、腿、脚为一体、刚柔并济、节奏灵活、富于变化的舞蹈动作。这些动作有"斗荏筛跟头""跟斗倒立""后滚翻""硌斗"（苗语音译）、"栌哪基"（苗语音译）、"倒挂金钩""仙女散女""空笙步"，等等。

小尧花鼓舞是苗族同胞集体智慧的结晶，体现了苗族同胞渴望和平、勇敢顽强、朴实勤劳的精神品质，承载着苗族同胞的历史文化信息和原始记忆。

卡堡苗族花棍舞

◆ 卡堡花棍舞

当你走进下坝卡堡，欣赏被誉为田间"迪斯科"的苗族民间舞蹈——花棍舞，透过其阳刚与柔美融合的舞姿，追溯其在漫长时光隧道中一路前行的足迹，你一定会被深深地震撼着。

相传，很久以前，一支苗族迁徙到卡堡定居下来，他们日出而作、日落而息，家中只有女人、小孩和老人留守。这时，外敌突然来袭，女人们急中生智，把青藤缠绕在头上，随手拿起堆放在地上的木棍作武器，与敌人顽强拼搏，直至入侵者落荒而逃。男人们回来后，女人们拿着木棍，手舞足蹈地比画，津津有味地描述她们激烈的战斗过程。此情此景，男人们也为之动容，通过编排整理，将女人们大获全胜的"棍术"演绎成防身健体的棍舞，不断发展完善，代代相传。这就是著名的花棍舞的起源。

花棍舞苗语叫"夺蕊鲷"（音译），又称金钱棍，是印苗的一种独特的民族舞蹈。青年男女配对同台，表演时气势宏大。四人一组，一般人数不少于八人，多则三四十人。花棍舞有"十六字诀"，即送肩、转胯；腰活、腕柔；腿快、手灵；膝屈、脚踮。队形千变万化，时而方，时而圆，穿梭交换，并配以不少高难度动作。表演时刚柔相济，节奏明快，富于变化，颇具美感。

◆ 卡堡花棍舞

下坝卡堡苗寨以其独特的民族风情和优美的花棍舞，吸引着来自美国、日本、新加坡等世界上多个国家及香港、台湾地区的游客、学者前来观光考察，使苗寨声誉日浓，花棍舞也随之享誉海内外。如今，一个古朴而又现代的卡堡新苗寨，正以其崭新的面貌拥抱着八方嘉宾。我们有理由相信，卡堡苗寨的明天一定会更加美好！

拓展悦读

花鼓舞

　　花鼓舞是中国民间歌舞，又称地花鼓、花鼓小锣等，主要流行于湖南、湖北、山东、山西、陕西等地。花鼓舞的表演形式通常是一男一女，男执锣，女背鼓，以锣鼓伴奏，边歌边舞。花鼓舞的曲调是在当地小调和山歌的基础上发展而成的，曲调流畅，节奏鲜明，富有歌唱性和舞蹈性。不同的地区有不同的花鼓调，各自有不同的表演风格。

课 后 活 动

　　请收集贵州民族民间舞蹈艺术的相关资料，并进行展示交流。

第 19 课　传统戏剧

　　文琴坐唱、可龙红灯都是传承数百年的曲艺种类。几百年前，随着大明驻军的到来，这方曾经空寂的土地从此喧嚣不断。屯军制促进了中原文化与本土文化的融合，也催生了文琴坐唱、可龙红灯等民间娱乐文化形式。让我们一起来探寻这些古老的文化吧！

头堡文琴坐唱

　　在东风头堡村，村民们在闲暇之余总喜欢聚在一起演绎一幕幕优美而古朴的地方戏剧——文琴坐唱。那幽远的琴声，婉转的唱腔，回响在山村的上空，久久不能散去。

　　文琴坐唱，也称文琴戏，民间也称"打扬琴""唱扬琴""玩扬琴"。文琴坐唱兴起于明洪武十四年（1381年），由随明军征战贵州的马姓第十六代子孙马忠钦引入头堡，属贵州文琴戏的一个支系，也是贵州地方戏"黔剧"的前身之一。最早是文人雅士或有钱人自娱自乐、自我吟唱的消遣方式，后来逐渐成为艺人在茶楼酒肆谋生的一种方式，再后来就渐渐流入民间，被一些爱好者传承下来。

　　文琴戏为传统戏剧，结构严谨，故事性强，语言生

◆ 文琴坐唱

动，刻画人物细腻丰富。演唱形式为分角色坐唱，以生、旦、净、末、丑分行，演唱者主要是男性。演唱时扬琴居中，其余人手持乐器围扬琴而坐。在伴奏乐器中，扬琴是必不可少的，为了渲染气氛及剧情的需要，可以配以琵琶、三弦、二胡、月琴、箫、笛、响板等乐器。文琴坐唱既能表现传统，也能表现现实生活。传统剧目有《秦娘美》《哭五更》《乌一堡情歌》等，还有反映现实生活的《乌当是个好地方》《过年》《回娘家》等新剧目。头堡文琴坐唱，名噪四乡八邻。特别是每年正月，头堡都要隆重地表演几天文琴戏，在这期间附近四村八寨的百姓像赶集一样赶来观看。

文琴坐唱在头堡已传唱了数百年，成为当地群众最为喜闻乐见的一种文艺活动。如今，文琴坐唱在很多地方几近失传，只有在头堡还能领略到文琴坐唱的魅力，这是十分难得的。

头堡文琴坐唱于2007年5月被列入贵州省第二批省级非物质文化遗产代表作名录。

新场可龙红灯戏

穿行在新场镇可龙幽静的村寨间，清风拂面，田野中五谷清香沁人心脾，布依人的盘歌、花歌、酒歌、情歌不绝于耳，那歌声承载着泥土的芬芳，让远道而来的都市人沉醉其中。除此盛情美景之外，可龙还有一项文化遗产——可龙红灯戏，也深深地吸引着人们。

据老人们介绍，在明洪武"调北征南"时期，可龙地处荒山野岭，荆棘丛生，竹木连片，时有豺狼出没，再加上官府和土匪隔三差五地搜刮抢劫，生存环境十分恶劣。为了生存，可龙布依族的祖先们不得已，只有拿起木棍、大刀及自制的土枪，练习武艺来保护村寨。

如果白天有官、匪搔扰，布依族人就躲进深山老林中，官、匪晚上来，他们就设下埋伏，挖好陷阱，由寨中头人用红布蒙住竹做的灯笼发出联络信号，指挥保住村寨的战斗。年长日久，可龙的祖先定

◆ 可龙红灯戏

下了"跳红灯"、操习武艺的规矩。

可龙的"跳红灯"后来慢慢发展成为"红灯戏"。红灯戏由参神、坐台、开财门、还灯愿、化灯五个部分组成，主要是在春节期间的夜晚举行。红灯戏演出时，"灯""戏"以及锣、鼓、钹、二胡等传统乐器融为一体，打击乐器保留了较为古朴的风格，音乐内容丰富、完整。唱词则有"九板十三腔"。整个表演气氛热烈、节奏欢快，是一种别具风情的民间艺术。

可龙"红灯戏"在每年春节期间初八至十五夜间进行，初八亮灯，初九跳灯，初十至十四开财门，十五还愿，十六化

◆ 可龙红灯戏

灯。灯为"红灯"，由全红色的八卦灯、关刀灯、平安灯、鲤鱼灯组成；戏的内容有"祭祖""开财门"等祈愿之类的，也有杨家将大刀、双截棍等各种武术表演，中间穿插花灯小戏唱段，饰木质面具的土地爷表演等交叉进行。红灯戏集舞蹈、戏剧、武术于一体，是屯堡文化和当地布依族融合而成的特色地方戏。2009年8月，可龙"红灯戏"被列入贵阳市第二批市级非物质文化遗产代表作名录。

拓展悦读

贵州黔剧

　　黔剧，地方剧种，曾名文琴戏，流行于贵阳、毕节、遵义、安顺、黔西南等地区。黔剧，是在流传于贵州的曲艺扬琴（又名"文琴""贵州弹词"）说唱音乐的基础上，经过不断改革，并从贵州地方其他戏曲剧种以及民族民间音乐中汲取素材，逐渐发展而成的。1956年贵州首个文琴剧团在黔西县成立。1960年定名为黔剧，并成立了贵州省黔剧团，填补了贵州无地方剧种的空白。

课后活动

　　请制作一幅展示贵州戏曲艺术的宣传海报，并进行交流。

第 20 课　民俗文化

　　苗族、布依族自古以来就有自身独特的民俗文化。其中苗族跳场、布依"三月三"对歌等民俗，代代相传，成为当地民间最为盛大的群体文艺表演形式。在一年一度的跳场、"三月三"对歌活动中，苗族、布依族儿女都以其独有的文化形式，抒发对美好生活的憧憬，表达对祖先的追思。

乌当石头寨苗族跳场

　　都说苗族的跳场，是一个没有围墙的"民族生态博物馆"。每年农历二月十四日至十六日，东风镇云锦村石头寨都会人潮涌动，满山摇曳着的苗

◆ 石头寨苗族跳场

族服饰，微风吹过，叮当作响的银饰，悠扬婉转的芦笙，笑声、歌声交织在一起，形成了一片欢乐的海洋。毫不夸张地说，跳场活动就是苗族的"走秀台"，它最大程度地将苗族的音乐、舞蹈、服饰、银饰和风俗的独特魅力展现在世人面前。

但说起石头寨苗族跳场的来历，却有着沉重的过往。清朝时期，政府推行"改土归流"政策，给苗族人民带来了深重的灾难。苗族同胞为了生存和自由，不断反抗，但由于力量悬殊，均以失败告终。1743年农历二月十四日至十六日，被清军所俘的苗族首领及同胞在石头寨黑土坡被集体屠杀。从那时起，为祭奠亡魂，苗族同胞就在此地兴起了苗族跳场。

按传统习俗，跳场共 3 天，即踩场、跳场和散场。农历二月十四日为踩场，踩场实际上相当于"开幕式"。踩场当天要举行隆重的仪式：首先在场中安放一张八仙桌，上面供奉丰盛的祭品。苗王燃烛点香，烧钱化纸，敬奉天地神明，祭奠列祖列宗，然后由德高望重的老人在场中央"栽"下一棵"花树"（现已经简化为以插带竹叶的竹竿代替，竹梢留着一些竹叶的大青竹，苗语为 ze zaī），"树"顶上还挂上一面红布长幡，上书"风调雨顺、国泰民安"八个大字。祭祀完毕后用火药枪鸣三响，随之是唢呐、芦笙齐鸣，众多苗家人便随乐曲绕"花树"起舞祈福和进行正式调场前的预演。农历二月十五日为正场，这天，四面八方的人们纷至沓来，既有苗族同胞，也有前来观赏的其他民族，石头寨人山人海，热闹非凡。苗族同胞们分别换上盛装，在苗王的带领下，举行祭祀活动。当悠悠的芦笙声响起，人们便在欢快的歌中翩翩起舞，用最美的舞姿来纪念这盛大的节日。参加跳场表演的主要是苗族青少年，农历二月十六日为散场，主要是收"花树"待来年继续跳场。活动结束时，人们依依不舍，相互祝愿，期待来年的再次相聚。

如今，石头寨苗族跳场，吸引着越来越多的苗族

◆ 石头寨苗族跳场

同胞来参与。它融合了石头寨苗族的服饰、习俗、祭祀、娱乐等方面的特性，它既是一根维系不同地区苗族同胞友谊的纽带，也是一种民族文化传承，更是促进各民族和谐相处、团结进步的精神力量。

石头寨苗族"跳场"于2015年1月被列入贵州省第四批省级非物质文化遗产代表作名录。

新堡布依族地蚕会——"三月三"

新堡布依族"三月三"，又称"地蚕会"，是布依族的传统节日。节日期间，贵阳及邻县的布依族群众便会云集新堡，举行赛歌、木叶传情对歌、男女结伴戏水欢歌等活动。

据传有一庄稼汉，发现每年春播之后，有许多地蚕将幼苗咬死。为避免幼苗遭受虫害，他进行了反复观察，认为地蚕是天神放到大地的"天马"，他用了许多方法来祭祀这些天马，但是都不灵验。于是他在春播时炒苞谷花去喂地蚕，结果保住了幼苗。这个消息很快传到远近的布依人家。后来人们又发现三月初三这天，是地蚕交配的日子，于是决定不能动土，因为地蚕在松过的田土中更容易繁衍后代，那样农作物就会遭受到更大的破坏。此后这一带的布依族为了保护农作物获得丰收，在每年三月初三这天，都用

◆ 对歌

93

炒苞谷花作供品，三五成群到附近山坡祭祀天神、地蚕，祈求天神保佑，让地蚕不要啃噬庄稼，期盼有个好收成。这一天也由此成了布依族同胞最重要的节日。

布依族人特别擅长唱歌，常以歌传情。三月初三这天，大家盛装出行，以歌聚会，用歌声表达愿望，也用歌声寻求佳偶。表演者演唱方式多样，可以独唱，也可以合唱、对唱。布依"九腔十八调"歌声婉转，优美动听。

如今，以祭祀、歌唱为主要内容的"三月三"已发展成集"刺梨花"布依歌大赛、布依民俗展示、布依篝火晚会、"三月三"焰火观赏、布依饮食文化体验、山歌对唱、民间文艺演出、旅游观光为一体的民族文化盛会。2009年8月，新堡布依族地蚕会——"三月三"被列为贵阳市第二批市级非物质文化遗产代表作名录。

拓展悦读

生态博物馆

生态博物馆是一种以村寨社区为单位，没有围墙的"活体博物馆"。它强调保护、保存、展示自然和文化遗产的真实性、完整性和原生性，以及人与遗产的活态关系。

生态博物馆的概念最早于1971年由法国人弗朗索瓦·于贝尔和乔治·亨利·里维埃提出。此后在挪威、加拿大、英国、美国、日本以及我国台湾等地都有很好的发展，20世纪90年代被我国引入。

1995年中国和挪威两国政府联合在贵州省六枝特区梭嘎乡建立中国乃至亚洲第一个生态博物馆，即梭嘎苗族生态博物馆（以长角为头饰的苗族）。如今，中国已建有16个生态博物馆，其中贵州4个（六枝梭嘎苗族生态博物馆、花溪镇山布依族生态博物馆、锦屏隆里古城汉族生态博物馆、黎平堂安侗族生态博物馆），成功地保护了苗、侗、瑶、汉等民族村寨的传统文化。

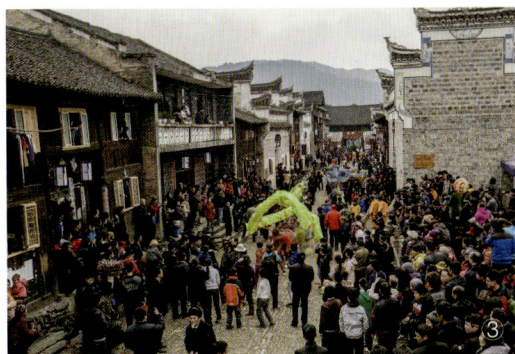

◆ ①梭嘎苗族生态博物馆
◆ ②镇山布依族生态博物馆
◆ ③隆里古城汉族生态博物馆
◆ ④堂安侗族生态博物馆

课后活动

请写一封邀请信，内容是邀请他（她）参加乌当区一项民俗活动。

第 21 课　民间书画

　　黄连的书法楹联、渡寨簸箕画，都蕴含着各族人民创造美好生活的激情。让我们一起走进濮越书会、渡寨画廊去领略乌当人民创造的艺术之美吧！

黄连村书法楹联掠影

　　黄连是一个掩映在群山峻岭、苍松翠柏中的布依村寨，这里民风淳朴，民族文化底蕴深厚。尤其是书法楹联，在黄连村更是备受推崇，每到春节和婚丧、乔迁之时，每家每户都贴满了对联。

　　黄连书法楹联历史无古籍记载，过往踪迹主要来源于人们的口耳相传。据当地77岁的卢启国老人说，黄连人喜好书法楹联的风俗已有300年历史。卢启国老人不仅是黄连书法界的高手，也是乌当区唯一的"布依夜歌"非物质文化传承人，在他位于羊皮寨的老堂屋上挂书匾"笔坛书屋"，常以书法度闲。

　　黄连书法世代相传，黄

◆ 黄连书法楹联

连人从上学后就开始练毛笔字，读唐诗宋词、千家诗。正是因为有了这样的文化传承，黄连村的书法楹联文化经久不衰。2004年成立了一个村级布依族书法组织"濮越书会"（"濮越"为"布依"谐音），它是贵州省第一家村级民间书会，现有会员百余名。2010年"书法进校园工作"在黄连民族小学启动，开创了乌当区书法进校园的先例。

◆ 濮越书会

黄连书法楹联的鼎盛时期出现在20世纪40年代。当时来了一名叫何渊烈（音）的福建塾师，看到黄连不仅山清水秀、民风淳朴，而且村民喜好书法，便在此定居下来，教当地群众学书法，使黄连人的书法水平得到了很大提升。后来何渊烈离开了黄连，但其书风却在黄连扎下了根，对当地书法楹联的影响一直延续至今。

生活在山水间、喜爱吟诗作对、能歌善舞的黄连人，吸取民族传统文化中的优秀思想资源，承历史之悠久，携山水之灵韵，撷生活之激情，运用布依人的勤劳、智慧和灵感，书写了一幅幅墨香四溢的书法楹联作品。黄连书法楹联，无愧于民族民间文化百花园中盛开的一朵瑰丽的奇葩。

渡寨簸箕画

◆ 簸箕画

簸箕画是渡寨最具代表的文化名片。簸箕画源于布依人的日常生活。簸箕是中国南方农家特有的一种生活日用品，用竹子编成，可作为晾晒农作物或簸净谷壳杂质之用。古时的布依族人用簸箕来盛放糍粑，即把做好的糍粑做成方形、圆形，或捏成各种人物、动物、花卉等形状，放在簸箕内，再把各种食用颜料撒在糍粑表面，取出染好的糍粑，簸箕内就出现了各种五彩斑斓的图案，早期的簸箕画便由此诞生。

要绘就一幅簸箕画，渡寨村民首先得选好编织得精细、竹材色调金黄的簸箕，然后根据自己的艺术构思，以簸箕为"画布"绘画。他们以夸张、

◆ 传承

变形的手法，将日常生活、生产场景或传说故事提升到艺术境界，把所要表达的思想情感通过艺术的形式在簸箕里尽情发挥，构图自由奔放，色彩绚烂，想象大胆丰富，让普通的农家用具变成一件件古朴典雅的艺术品。

20世纪80年代末，簸箕画风光无限，曾到北京参加展览，获得好评；在贵州省首届农民画展中，获得两个特等奖、4个一等奖，并在贵州饭店谈成了当时簸箕画最大的一笔生意，成交额为18 000美元；1993年，渡寨被贵州省文化厅命名为"农民画之乡"。

如今，渡寨布依村民正走在传承、创新簸箕绘画技艺的大道上，相信在不远的将来，簸箕画将会携着多彩贵州风吹到天涯海角。

拓展悦读

楹　联

中国的楹联起源于古代的桃符，是古人用来驱邪避鬼、护卫安全的一种图腾。传说，黄帝制定了一种礼仪，在除夕或元日那天，让人们在门上树立大桃人，上面画两个神像，以求避鬼驱邪。后来逐渐形成一种风俗，在每年春节时把桃符悬挂在门上。

对联与古典诗歌有着千丝万缕的联系，它的艺术特点也跟古典诗歌一样，要求工整、对仗，讲求平仄起伏。它所显示的是一种整齐对称的形式美和抑扬顿挫的韵律美，写景状物要有意境美，抒怀吟志要有哲理美。

课后活动

请创作一件反映家乡民族文化的作品。

泉城五韵

　　"泉城五韵"是乌当区借助贵阳市第四届旅游发展大会在乌当召开的契机，集中乡村旅游资源优势，实施品牌化战略，着力打造的乡村民俗生态旅游精品示范点。5个民族村寨各具特色、交相辉映、互为补充，是省内外游客享受自然之美、感知民族文化、领略民族风情、放松身心旅游休闲的好去处。

第 22 课 情韵阿栗

在乌当区东郊，有一方美丽的土地，一个灵秀多情的伊甸园，她以多姿多彩的魅力，吸引着远近的人们。这就是乌当区"泉城五韵"之"情韵"阿栗。

山情水韵

阿栗杨梅村，位于乌当高新社区、东风镇和南明区永乐乡的交界处。

◆ 依山傍水的情人谷

这里因其紧邻著名景区情人谷和盛产杨梅而闻名黔中大地。

从贵阳乘车经新添寨出东风镇，首先映入眼帘的是一幅优美的田园风光。往南穿越一条渐行渐窄而曲折有致的田间公路，曲径通幽处，猛见两座高山拔地而起，深情相望争高直指，幽深的山谷中，一条玉带般的溪水不知从何处缓缓流出。情人谷犹如阿栗的门户，为游客敞开怀抱！

进入谷口，河面如镜，鸳鸯嬉戏，游人荡舟，怡然自得。两岸垂柳依依，云烟袅袅，让人流连忘返。沿河岸逆流而上，峡谷渐深渐窄，河水由沉静而变得活泼、灵动。水石相戏，浪花朵朵，流水淙淙。再往上行，落差剧增，断崖飞瀑，如钟鼓齐鸣，激情交响，撼人魂魄！两岸山崖也越来越高，越来越陡。山上林木葱茏，藤萝密布，山上密林掩映处，暗藏洞天。"望天洞""通天洞""神仙洞"，石钟石乳，姿态万千，情韵盎然！

爱情传说 ●

关于"情人谷"的得名，还有一个浪漫的传说。很久以前，谷中河流两岸有两个苗族村寨，分别叫地吾林和米汤井。地吾林后生阿山，英俊勤劳；米汤井少女阿水，多情美丽。阿山常到谷中打柴，阿水常到谷里牧羊。他们常隔河相见，日久生情。一天，阿水情不自禁地唱道："大河涨水水浪沙，鱼在河中摇尾巴；几时得鱼来下酒？几时得哥来成家？"阿山一听，心中大喜，回唱道："哥隔水来妹隔崖，绕山绕水都要来；哥变燕子飞过河，妹变蜜蜂飞过崖。"他们以歌传情，山盟海誓。为了能过河和心上人在一起，阿山砍树搭桥，但河水太猛太急，树木一次次被河水冲走。阿山正焦急万分之时，一只巨龟浮出水浪，托起树木，帮阿山过河与阿水相会。于是他们每天都能在一起。阿水的父母知道后，嫌阿山家穷，坚决反对，并要将阿水嫁给寨主的憨儿子。阿山阿水痛苦万分。为了永不分离，两人双双离家躲进情人谷深处某处溶洞之中，过着自由自在、相亲相爱的日子。这就是谷中景点"金龟托桥"的传说，也是"情人谷"得名的原因。

情人谷的山不是一般的山，情人谷的水也不是普通的水，他们是情、是梦、是诗、是画，是美的化身。那巍巍高耸的山，是阿栗汉子的体魄，那博大的胸怀，蕴藏着山里人的勤劳、坚定、勇敢和对爱情、幸福生活追求的品质；而那情韵悠长的河水，则是阿栗女子的灵魂，那涓涓的溪流，无声地滋养、孕育着这片多情的土地，她象征着纯洁和坚贞，沉淀着善良和坚韧！

情满农家 ●

出了情人谷口，拐过一个大转弯，沿着曲折盘旋的林间公路向上穿行，便进入阿栗的腹地——阿栗杨梅林。这里地势高兀，视野开阔，远眺群山连绵起伏，淡墨如画。这里得天独厚，自古山上便多生杨梅。每到盛夏梅雨季节，山上便常有红艳艳的杨梅点缀枝头。那是阿山阿水爱情的结晶吗？很早以前，这里的村民就喜欢用这种山杨梅泡米酒，这种正宗的杨梅酒竟也满贮着浓情蜜意，千古飘香！

◆ 杨梅熟了

近年来，阿栗村依托美丽乡村建设的富民政策，充分利用生态资源丰富的优势，以构建特色农业生产体系、打造都市型和科技型农业基地为目标，建成了以杨梅、樱桃、枇杷、柑橘等为主的万亩优质经果林基地。每到水果丰收季节，整个阿栗村清香四溢，游人如织。那漫山遍野、色彩斑斓的各种花果，刺激着你的味蕾，撩拨着你的诗情。"采摘游"让人们远离城市的喧嚣，抛开尘世的烦恼，走进乡村，踏入果园，尽情品味劳动的快乐，品尝酸酸甜甜的百味人生！

当你游完情人谷，摘罢"情人梅"，天色已晚。这时，热情的农家已为你准备好了丰盛而风味独特的农家饭，呈上红艳艳的地道杨梅酒。主人的情意，美酒的芬芳，让你倦意顿消，凡尘尽扫，恍若置身"世外桃源"……

阿栗的悠悠情韵，不只在山水之间，更在那纯朴的农家小院！

拓展悦读

南歌子·阿栗杨梅熟时

碧村连山麓，珍珠色紫红。人来人往笑从容，但见村姑，兜满迈兴隆。

交易忙相顾，评说好热衷。品尝有味沁心中，更喜果实，应市富乡农。

——摘自乌当区诗词楹联学会《梅兰诗集》（作者：黄国瑄）

第 23 课　醉韵偏坡

　　在2015年"中国十大最美村镇"的评选中，贵阳市乌当区的偏坡乡榜上有名。偏坡是乌当区"泉城五韵"之"醉韵"，她到底有什么醉人的魅力呢？让我们踏上这令人憧憬的醉心之旅吧！

◆ 醉美偏坡

美景醉人

　　从乌当区东风镇沿着渔洞峡一路前行，从渔洞峡景区处再向前走数里，便进入偏坡乡地界。沿着一条蜿蜒起伏的乡村公路，转过一座座山头，

◆ 偏坡秋意浓

穿越一片片田野，扑面而来的是那满眼醉人的绿色和沁人心脾的芳香。绵延十几千米的森林，使这里成为名副其实的"天然氧吧"。漫山遍野粉紫色的刺梨花，红艳艳的桃花，金灿灿的油菜花，正以如火的热情拥抱山外的来客，使偏坡的春天生机盎然！

　　走进偏坡，随处可见巍然屹立的参天古树。它们坐落于村寨的房前屋后、坎边岩上，以及郁郁葱葱的山林之中，如同上了年纪的老人，慈祥地守望着日月。在下院村保存完好的原生态古树就有千余株。最古老的一颗银杏树，根深叶茂，苍劲古拙，饱经风霜。每到秋天，银杏树叶变得金黄，在阳光下泛着金光。随风飘落的树叶如蝴蝶蹁跹，在树下铺成一片金色的地毯。再加上榉树、榆树、皂角树、枫香树等各色古树，使偏坡的秋天更加色彩斑斓，令人沉醉！

浓情醉人 ●

　　进入偏坡腹地，只见一座座民宅依山而建，层叠而上，错落有致，掩映于葱茏苍翠的林荫之中。雕梁画栋的小楼上，悬挂着红艳艳的灯笼，张贴着对仗工整的对联。走进"濮越香街"，漫步于石块铺就的整洁的街道，迂回于层层叠叠的民居之间，陶醉于微风送来的阵阵花香，让人感受到"房在林中建，人在画中游"的妙境！街上有一座"濮越古居"，历经十三代书香洗礼，可谓偏坡悠久深厚的濮越文化的"活化石"。古居中建有农家书屋，陈列着各种书籍，

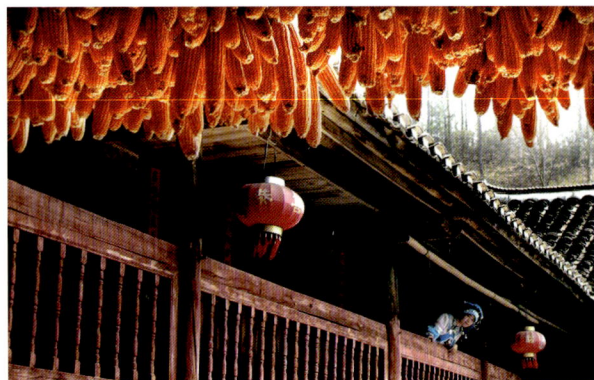
◆ 醉美人家

备有供游客阅读休息的木制桌椅。在这里品一杯香茶、读一本好书，让思绪在布依文墨中悠游，让心灵在书香茶香中沉醉！

最令人向往的是这里的农家乐。"醉香舍""竹香居""醉心居""磨香坊""醉饮人家"，光看这些美名就让人陶醉了。"喜迎东西南北客，善待兄弟姐妹情"，"粗茶淡饭细品农家味，山歌米酒尽显布依情"，"濮越山庄"大门上的这两副对联凝聚了布依人家的浓情厚意。走进院中，坐在藤蔓缠绕的瓜果凉棚下，远眺优美的田园风光，近观新鲜的五谷杂粮，那时时飘散出的浓郁的酒香，让人仿佛变成了陶渊明，回到自己久违的"园田"。

偏坡布依人家，家家户户都精于酿酒。无酒不成席。米酒、刺梨酒、杨梅酒，口感纯正，香甜醇美，回味悠长。布依人民热情好客，喜爱山歌。无论在田间地头或是茶余饭后，迎宾接客，大事小事都以歌来表达自己的情怀。不论男女老少，唱歌都是他们必修的一门功课。歌在他们的口里，更在他们的心里。在他们的歌唱表达中，有"盘花歌""盘古歌"等多种形式。

"桂花树上桂花开咿，尊贵的客人留下来哟，一杯甜酒醉美好，开门迎客留下来哟！"品着上好的美酒，尝着原生态的农家菜，欣赏着布依姑娘热情洋溢的敬酒歌，尊贵的客人也禁不住撩拨和感染，索性开怀畅饮、激情高歌……

◆ 拦路酒

　　于是，在融融的月光下，在微微的清风中，醉韵偏坡的农家小院，成了歌的世界、舞的海洋……

拓展悦读

"盘花歌" "盘古歌"

　　"盘花歌"以开荒、敬花、种花、浇花、收花等为内容，歌者一问一答，互相盘问。

　　"盘古歌"文化内涵深奥、词汇丰富，有严格的规律性，讲究韵脚。其内容就盘古开天地、日月星辰、女娲补天、仓颉造字、孔老夫子、鲁班先师、杜康造酒、蔡伦造纸等古代名人名事盘问。

——摘自《遗韵乌当》

第 24 课 美韵渡寨

在"黔中秘境"乌当区，零星分布着许多独具特色的布依村寨。其中位于新堡乡的布依村寨渡寨，就有"美韵"之誉。

自然美

渡寨之美，美在自然。渡寨坐落于乌当新堡乡一个群山环抱的开阔盆地之中。这里山如屏障，姿态万千。村寨后的主峰高大挺拔，如巨人身躯，雄壮健美。山上林木葱郁，四季常绿。雨后天晴时常有彩云高挂，恍如仙

◆ 烟雨渡寨

境。村寨对面山峦连绵起伏，平缓地向远方延伸，起雾时节，薄雾笼罩，苍茫淡雅。在远山和村寨之间，是层叠的梯田。春夏季节，油菜花、稻花相继开放，芳香四溢，一片金黄。田间陇上，偶有红桃绿柳点缀。清澈碧绿的阿渡河与鲜花、蝴蝶簇拥着的曲折小径并肩延伸，直达远方。布依木楼傍水而建，古朴典雅。寨内茂林修竹，古木参天，与四周的山水田园共同构成一幅宁静清幽、自然和谐的美丽画卷。

生活美 ●

　　渡寨之美，美在生活。渡寨因阿渡河而得名。据说明清时这里是羊昌经新堡通往水田的古驿道渡口。新堡屯军在此设有哨卡，盘查过往行人。后因河床淤塞渐渐变窄，便取消了哨卡，成了今日的渡寨。古往今来，生活在这里的布依人民崇尚自然、热爱生活，用智慧传承文明，用勤劳浇灌家园。

　　走进渡寨，最引人注目的是那古色古香、典雅别致的农家小院。阁楼多为木石结构，冬暖夏凉，生态环保。辣椒玉米挂满庭院吊角。村寨干净整洁，民族风貌独特。村民们勤劳质朴，用双手建造美丽的家园，用汗水收获丰收的景象，用心灵品味幸福的生活。在布依族人民的生活中，一年十二个月，几乎月月有节日。除了与当地汉族人民过的春节等节日外，还有独具民族特色的"三月三"民族传统节日。"三月三"是布依族的传统盛大节日。这一天稻耕开始，要祭山神、土地神及稻

◆ 幸福生活

米魂，制作五色花糯米饭供奉。青年男女要盛装出行，用歌声表达愿望，寻求佳偶。中老年人也参加到对歌队伍中，表达对节日的祝福和快乐！每年秋收之后，家家都要酿制大量米酒储存起来，以备常年饮用。布依族人民热情好客，大方真诚。凡来到山寨的，无论是亲朋故友，还是素不相识的人们，一律会以酒相待。饮酒时不用杯而用碗，并要猜拳行令，唱祝酒歌，以表盛

情。近年来，随着新农村建设的发展，寨中村民因地制宜，顺势而为，打造出民族主题鲜明的农家乐，如同源阁、诗画园，成为远近游客休闲旅游的乐园。

艺术美

渡寨之美，美在艺术。艺术源于劳动，源于生活。渡寨被誉为贵州省"中华布依历史文化村"。勤劳善良的布依人家，在漫长的岁月长河中，在这片热土上积淀了厚重的民族文化，铸就了悠久灿烂的民间文化艺术。寨中可谓户户有画室，人人能绘制。村民多为技艺高超的竹艺师、绘画师。木贴画、簸箕画以夸张、变形的手法描绘出布依族人的民间传说、神话故事、风土人情及生活场景等，构图自由奔放，想象大胆丰富，线条流畅，色彩明快，形象逼真，形成了独特的艺术风格。诗画渡寨因此被贵州省文化厅命名为"农民画之乡"，走出了乌当，走出了贵州，走向了世界！

渡寨荟萃了自然美、生活美、艺术美，成为贵州高原上一颗璀璨的珍珠！

◆ 艺术之美

第 25 课　福韵王岗

　　从贵阳市区沿贵开二级公路行驶，再往香纸沟方向前行，不多时就来到了新堡乡一个美丽的村寨。这里山清水秀，民风淳朴，弥漫着布依族人民浓郁绵长的福文化，这就是"泉城五韵"之"福韵"王岗。

福地

　　王岗村寨依山傍水，古朴清幽。寨前色彩斑斓的田园风光，如诗如画，美不胜收。寨后古树成林，有"含笑树""摇钱树"等珍稀树种，有百年以

◆ 福地王岗

上古树群。在田园和村寨之间，蜿蜒流淌着一条清澈的"龙泉河"。潺潺流水千百年来滋润着这片沃土，养育着这里的生灵。这里钟灵毓秀，得天独厚。

资料回放

清代有位名人谢廷熏，是乾隆十八年增生，辞官归乡后一边教书，一边广结诗友。临终前嘱咐家人，自己选定新堡王岗一座青山上一块地，作为墓地，说王岗是龙脉的龙头。于是，他去世后，家人便将他安葬在这片风水宝地。

——据《贵阳府志》

祈福

从古至今，这里的布依村民保留着祈福的传统。据说村寨自明朝洪武年间迁入后，历经几百年风雨，传寨之宝铜鼓依然保存完好。铜鼓是布依族人民祭祀活动中的神器，据说它能传递天界与人间的某种信息，蕴含着一种民族的神韵，象征着财富、权利和团结。据说，古时布依族没有铜鼓，老人逝去后无法超度。有一个叫布杰的布依族先祖，凭借自己的勇敢、机智和一片孝心，感动了玉帝，玉帝赐给他一面铜鼓。此后，老人去世，只要敲着神鼓超度，神仙就会将老人接到天上为仙。逢年过节祭祀祖先时击鼓，祖先就会下凡一起欢度节日，保佑子孙平安，六畜兴旺。所以，每到婚丧嫁娶、过年过节之时，村民都要举行隆重的祭鼓仪式，敬天神、地神、鼓神，以保佑风调雨顺、五谷丰登。

每年春节前，这里的百姓不论家境贫富，都会杀"年猪"，称为"庖汤"，意为驱邪纳福。吃"庖汤"的那天早上，布依人家杀完年猪后，先要祭祀先祖。他们在堂屋神龛前焚香燃烛烧纸，请求先祖保佑来年平安幸福。村民们还传承着画年画、贴春联的习俗，以表达对节日的祝福和对未来的憧憬之情。走进王岗，徜徉于那内涵丰富的民俗展示长廊，伫立于那古色古香的铜鼓广场，欣赏着寨中多姿多彩的民族画作，你会品味到这块福地上那悠远而深厚的"福"文化！

福味

王岗的布依人民不但重视惜福、祈福，更擅长于造福、品福。在漫长的历史岁月中，他们用勤劳的双手在这块福地上耕耘、收获，凭借自己的智慧将丰收的劳动成果制作成各种美食尽情享用。历史悠久的庖汤宴，可谓百般滋味，鲜美杂陈。此外，还有酿米酒、打糍粑、推豆腐等传统美食技艺，将五谷杂粮的运用发挥到极致。喝着布依人家自酿的美酒，品尝回味悠长的庖汤饭，定会让你大快朵颐、流连忘返！

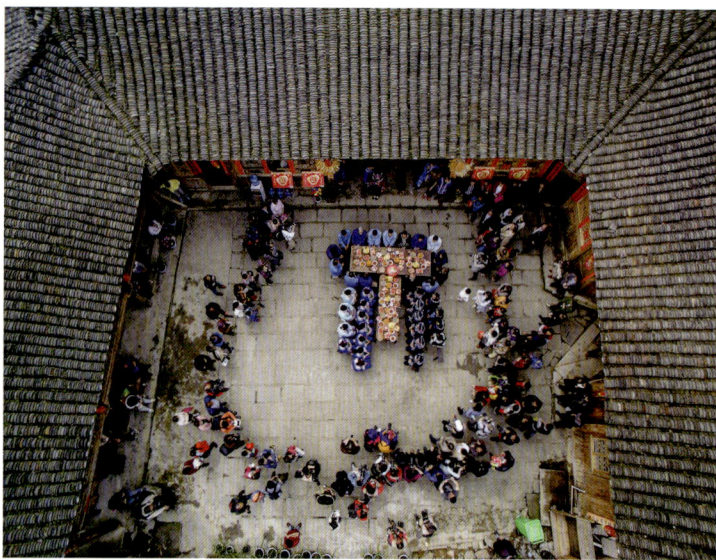

◆ 福味悠长

　　一锅庖汤，一村致富路。近年来，凭借社会主义新农村建设的东风，王岗村大力发展乡村旅游业，使这个名不见经传的乡村脱颖而出，成为远近闻名的"庖汤第一村"和"福韵王岗美食文化村"，不仅吸引着四面八方的游客到这里来一饱口福，也让这里的布依人民过上了更加幸福的生活！

　　"福韵"王岗，福味悠长！

第 26 课　古韵陇脚

　　这是一片多情的土地，这里保存着一种古老的记忆。这就是坐落于乌当省级风景名胜区香纸沟内的"泉城五韵"之"古韵"陇脚。

古树古楼

　　走进陇脚村，只见四周青山环绕，古树成林。马儿在空闲的草地上悠

◆ 香纸沟风光

闲地吃草，农民在山间的田园里辛勤地劳作。整个村寨依山傍水，旖旎迷人。"干栏式"吊脚楼和"上栋下宇"相结合的住宅建筑，融民俗、历史、艺术于一体，形成一种特有的布依民居特色，给人古色古香之感。小院寂静，柳绿泉澄。一条干净整洁的串户路蜿蜒盘旋，一湾古老灵动的河水在田园、山谷中缓缓流淌。水车悠悠，碾轮滚滚，见证着大山深处一个古老民族的秘密。

古寺古坊

600多年前，明洪武年间，朱元璋"调北征南"。据说湖南的一支军队到这里屯驻，为表思乡之情，把这里称为"湘子沟"。为祭奠阵亡将士，他们就地取材，修碾伐竹，经过72道工序制作香纸做祭品，故又称此地为"香纸沟"。他们还在后山修建了"南靖寺"，整日香烟缭绕，钟声悠扬。后来香纸渐渐成为当地特产。经过数百年的传承保护，陇脚村的造纸作坊成为目前国内规模最大、最集中、保存最完整的古法蔡伦造纸作坊系统，被誉为"世界最古老的造纸术活化石"，也因此被列入第一批国家级非物质文化遗产保护名录。

◆ 南靖寺

◆ 古法造纸作坊一角

古风古韵

除了古老的造纸术，这里的人们还保存着布依族古朴的民风民俗。他们热情好客、能歌善舞，不仅用美酒美食款待远方的来客，还会唱起动听的山歌为客人敬酒助兴，让你欲罢不能，一醉方休！每到布依族传统节日"三月三"，你都会欣赏到这里盛大隆重的庆祝活动。他们着节日盛装，祭祀天地神灵及先祖，鸣布依长号，跳铜鼓舞。尤其是那撼人心魄的篝火舞会，使你真切地领略到这个古老民族粗犷豪放的个性和蓬勃旺盛的生命力！

◆ 古坊水碾

　　水碾无休止地转着同一个圆，一座座古坊承载着数百年的沧桑，一张张香纸诉说着布依人古老的故事……

拓展悦读

香纸沟

沟壑连绵绿满坡，飞流叠漳栈桥多。

溪横水坝磨声响，纸产山沟乡誉播。

古树缠藤藏水井，幽竹绕舍隐山窝。

河滩纵马骋心志，一路夕阳一路歌。

（作者：郑传仲）

课后活动

请实地体验"泉城五韵"的情与韵。

附　录 ·秘境福泽·

养生福地温泉城 ●

　　"旧说天下山，半在黔中青。又闻天下泉，半落黔中鸣。"

　　这首诗告诉我们：黔中多泉，而且不乏温泉。现已探明，乌当区地处贵州最大的温泉带，拥有丰富的地热资源，温泉大多埋藏于地下1500—3200米之间。不仅温储层厚度稳定，温泉分布较广，而且温度高、储量大、水质好。全区温泉资源有20多处、30多个泉眼，水温可达50—70摄氏度，每泉眼日涌水量在1000吨以上，一年四季源源不断。

　　这些温泉多数隐藏在地势相对低洼处，距离贵阳市区最近仅有几千米，最远也不足一小时车程，极具开发价值。宝贵的温泉资源，是大自然给予乌当人的馈赠，也是大自然造福贵阳人的恩赐！如今，"温泉之城"已成为乌当区一张靓丽的名片！

　　乌当现已开发成形的温泉有贵御温泉、保利·国际温泉和万象温泉。

◆ 贵御温泉

贵御温泉是贵州本土特色原脉品质温泉，也是贵州首家园林露天温泉。位于"黔中秘境·生态乌当"的新添寨小河口，这里背依梅兰山，面临南明河，依山临水，幽静雅致。2011年，贵御温泉获评国家ＡＡＡＡ级旅游景区；保利·国际温泉位

◆ 保利·温泉

于新添寨叶家庄，被贵阳市环城林带环绕，景色宜人，空气清新。2009年1月，保利·国际温泉被评为国家ＡＡＡＡ级旅游景区；万象温泉地处乌当区马百路和云开路交汇处，是集温泉养生与旅游度假于一体的温泉综合体，也是贵州省100个重点温泉旅游景区之一。

◆ 万象温泉室内一角

迷人峡谷香纸沟 ●

香纸沟，位于新堡布依族乡境内，是省级风景名胜区，面积50.8平方千米，距离贵阳市区大约40千米。

◆ 香纸沟俯瞰

　　这里四面环山，沟谷纵横，峰峦叠嶂，瀑布飞流，茂林修竹，幽深静谧。景区不仅有迷人的峡谷风光，而且有古朴的人文景观。

　　香纸沟风景区，主要由"龙井湾、锅底箐、南静寺、白水河、马脚冲、万丈沟、红子沟、葫芦冲"8个景点组成。这里沟壑深切、幽静，山上树木葱郁，沟底有村寨，山脚有寺庙。整个香纸沟景区，好似一巨型绿色章鱼：上陇脚和下陇脚是它的腹部，每条沟谷似其触角一般向四周延伸，即是一个景点。只有"马脚冲"例外，独立于巨型章鱼身外。

　　关于香纸沟名字的由来，非常有趣。一说是因其外围被六座大山围着，它们分别是"鳌鱼顶天""姜太公钓鱼""青狮锁水""白马奔江""贵人披袍""百象把门"，地势形如一口箱子，故称"箱子沟"。另一说法是：此地居民祖籍湖南，他们的先辈数百年前被皇帝指派来到贵州，在这里刀耕火种，繁衍生息，为了不忘故土，这些人就把此地取名"湘子沟"，以示纪念。因湖南简称"湘"，湘与箱同音，故"箱子沟"也叫"湘"子沟。

　　还有一种说法更加贴切：香纸沟因盛产烧香拜佛所用的纸钱，故称香纸沟。

山清水秀情人谷

情人谷风景区，位于东风镇，距贵阳市区约 7 千米，面积大约 6 平方千米。整个峡谷蜿蜒蛇行，长 2 千米左右。这里是乌当区"泉城五韵"之"情韵阿栗"的核心部分。

情人谷，最早名叫"显字岩"。传说这里的峭壁，但凡聪明智慧之人到此，便会显现奇诗妙文，让其阅读欣赏，吸引许多游人前往观看，因此得名。我国著名地质学家李四光，1944年在乌当、洛湾两地进行地质科考时，多次到达这里实地考察地质结构，也曾对这里的美景赞叹不已！

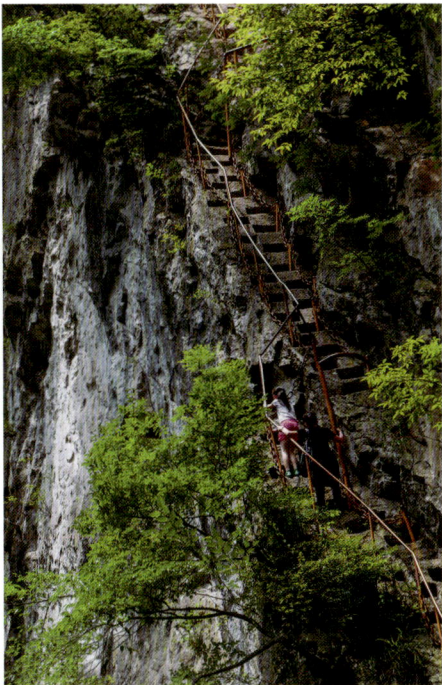
◆ 情人谷天梯

其实，"情人谷"这个名字，是乌当区1996年动工兴建风景区时，参与筹划开发的专家学者所取，最初叫"情人峡谷"，第二年工程竣工，向游人开放时，定名为"情人谷"。此后，有一段时间，情人谷也曾更名为"沁人谷"。显然，"情人谷"这个名字是人文情怀所致，与这里的美丽传说紧密相关；而"沁人谷"则是感悟自然所得，因为在夏季，这里的山光水色沁人心脾，植物葱郁、生机盎然。准确来说，二者的结合才是对这里最好的诠释！

峡谷入口处是河的下游，河面平静如镜，四季清澈见底，时有微波泛起，极富诗情画意。逆流而上，两岸垂柳依依，倒映水中。每逢夏季，景区内郁郁葱葱，山清水秀。往上走，更是流水潺潺、鸟鸣嘤嘤，一派生机勃勃的自然美景，让人流连忘返、沉醉不已！

一栋栋农家山庄依山而建，傍水而立，错落有致，与这里的山水相映成趣，构成一幅完美的画卷！

美丽传说相思河

◆ 鸳鸯湖

相思河风景区，位于水田镇境内，坐落在气势雄伟的盘龙山下，面积约6.8平方千米。景区距离贵阳市区26千米左右，现有云开公路和贵瓮高速两条干线公路直达，交通便利。

相思河景区，主要是由泥岩和石灰岩组成的峰林峡谷风光。这里森林茂密、山峰陡峭、瀑布直泻、湖面幽静，现已开发的景点有梯子岩、刺梨湾、珍珠峡、垂帘峰瀑布群、钓鱼台、彩凤坪、龙口瀑布、仙女滩瀑布、鸳鸯湖、望郎峰群、石观音等52处景观。这里不仅风景迷人，令人流连忘返；还有美丽传说，让人心驰神往！

◆ 仙女滩瀑布

相传在很久以前，这里有一对年轻情侣，男的叫阿相，女的叫阿思，他们彼此相爱、情深意切。然而，因阿相家里比较贫穷，故阿思父母坚决反对两人相爱。阿相和阿思为了追求幸福，便决定私奔，逃出藩篱，于是来到风景如画的相思河畔喜结良缘。此后，小两口恩恩爱爱，过着男耕女织的甜蜜生活……

可是天有不测风云。一天，阿相外出赶集，在回来的路上突遭暴雨袭击，瞬间山洪暴发，把蹚河回家的阿相无情地卷走了，从此杳无音讯。当不幸的消息传来，阿思悲痛欲绝，痛不欲生，每天站在河边呼喊着丈夫的名字，泪如泉涌，声嘶力竭。泪水汇入河中，带着她的声声呼喊和刻骨相思，流向远方。天长日久，阿思变成了一座山峰，日夜期盼着阿相的归来，这座山人们称之为望郎峰，也叫美女峰。

相思河的美名就缘于这个传说！

相思河景区内，森林覆盖率高，植物种类繁多，据说有620多种。其中，香果树、榉树、润楠、沉木海棠花、红豆沙等植物极为珍贵。此外，马尾松、油茶、杨梅、杜鹃、乌蕨、化香、火棘、月月青等遍布景区内，林中栖息着多种珍禽异兽，着实是休闲和观赏的好去处。

相思河，一个美丽的地方，一个令人乐而忘返的"世外桃源"！

花画小镇绘筑北

花画小镇位于乌当区最北部的羊昌镇，规划面积约 6 平方千米。云开高等级公路从小镇穿过，贵瓮高速与之毗邻。从贵阳城区出发，驱车大约40千米，即可抵达。

2016年，贵阳市第二届农业嘉年华活动在乌当区举办。羊昌花画小镇是乌当区以此为契机，结合这里的自然优势和人文历史，历时一年精心打造的综合性文化休闲旅游景点，也是这次农业嘉年华活动的主会场。

"花画小镇"紧紧围绕"花"与"画"两个主题，精心设计，着力打造。首先，以完整的花卉种繁研发、示范生产、展示展销、产品体验全过程呈现，形成花卉特色主题景区。其次，用文化墙、遗址复原、雕塑艺术和绘画展览的方式，让游客了解水东文化、知青文化的历史过往。在这里还可以参与科普教育、农事体验、健康运动等体验活动，接触电商服务、农业创意、VR（虚拟现实）体验等创新应用。

在国家"美丽乡村"建设思想的指引下应运而生的羊昌花画小镇，是乌当坚持"农业—旅游—文化"三位一体核心理念，与时俱进、精准扶贫的重要举措。其核心景区以花卉苗木种植

◆ 羊昌国家农业科技园区

◆ 花画小镇

为主，形成了花山秀色、繁花似锦、流水恋花景点，辅之以燃情岁月、田园耕读、羊堡旧事景观，形成自然生态与人文景观和谐相处的六大板块，从而突出"花"与"画"的中心主题。

羊昌花画小镇，主要由游客服务中心、水东文化广场、花山秀色、花艺步行街、知青文化园、农耕文化园、羊堡旧事等10个景点组成。其中，游客服务中心占地30亩，建筑面积2200平方米，从空中俯视，它呈现出麦穗的形状，代表收获，象征富饶，寓意美好未来！

羊昌花画小镇，不仅充分展现了乌当多彩的民族文化和独特的自然生态，而且展现了悠远的历史印迹与蓬勃的发展活力。在这里，"花"与"画"完美融合，交相辉映。从空中俯瞰，在花海之中，点缀其间的人文景观，错落有致，令人赏心悦目，这不就是一帧立体的巨幅画卷吗？从局部观览，竹廊架天桥的画展、水东文化主题墙、知青文化园建筑墙上的时代绘画等印迹，更好地诠释了时代主题。

羊昌花画小镇，既有自然与人文的相映成趣，也有传统与现代的相互交融，更有发展与生态的相得益彰。如今，这里因属贵阳屯堡文化圈中心而备受专家学者关注，更因"花画小镇"的闪亮登场吸引了世人的目光！

多姿多彩的花画小镇，绘就了靓丽的筑北美景，她正张开热情的双臂，迎接四方宾朋的到来！

◆ 知青岁月